Hegel & a Educação

COLEÇÃO
PENSADORES & EDUCAÇÃO

André Gustavo Ferreira da Silva

Hegel & a Educação

autêntica

Copyright © 2013 André Gustavo Ferreira da Silva
Copyright © 2013 Autêntica Editora

Todos os direitos reservados pela Autêntica Editora. Nenhuma parte desta publicação poderá ser reproduzida, seja por meios mecânicos, eletrônicos, seja via cópia xerográfica, sem a autorização prévia da Editora.

COORDENAÇÃO DA COLEÇÃO PENSADORES & EDUCAÇÃO
Alfredo Veiga-Neto

CONSELHO EDITORIAL
Alfredo Veiga-Neto (UFRGS), *Carlos Ernesto Noguera* (Univ. Pedagógica Nacional de Colombia), *Edla Eggert* (UNISINOS), *Jorge Ramos do Ó* (Universidade de Lisboa), *Júlio Groppa Aquino* (USP), *Luís Henrique Sommer* (UNISINOS), *Margareth Rago* (UNICAMP), *Rosa Bueno Fischer* (UFRGS), *Sílvio D. Gallo* (UNICAMP)

DIAGRAMAÇÃO
Conrado Esteves

REVISÃO
Lúcia Assumpção

EDITORA RESPONSÁVEL
Rejane Dias

Dados Internacionais de Catalogação na Publicação (CIP)
(Câmara Brasileira do Livro, SP, Brasil)

Silva, André Gustavo Ferreira da

   Hegel & a Educação / André Gustavo Ferreira da Silva. -- Belo Horizonte : Autêntica Editora, 2013. -- (Coleção Pensadores & Educação)

   ISBN 978-85-8217-107-3

   1. Educação - Filosofia 2. Hegel, Georg Wilhelm Friedrich, 1770-1831 I. Título. II. Série.

13-08906	CDD-370.1

Índice para catálogo sistemático:
1. Educação : Filosofia 370.1

AUTÊNTICA EDITORA LTDA.

Belo Horizonte
Rua Aimorés, 981, 8° andar . Funcionários
30140-071 . Belo Horizonte . MG
Tel.: (55 31) 3214 5700

Televendas: 0800 283 13 22
www.autenticaeditora.com.br

São Paulo
Av. Paulista, 2.073, Conjunto Nacional,
Horsa I . 23° andar, Conj. 2301 . Cerqueira
César . 01311-940 . São Paulo . SP
Tel.: (55 11) 3034 4468

Sumário

Introdução 7

Capítulo I – O espírito 11

A Ideia 12
O espírito absoluto 14
O espírito subjetivo 16
O espírito objetivo 18
Espírito, *Bildung* e *Erziehung* 21

Capítulo II – O espírito educando a si mesmo:
a *Bildung* e o espírito subjetivo 23
A *Bildung* 25
Reconhecimento e trabalho: os passos
iniciais da autoeducação do espírito 28
O espírito subjetivo educando-se para a razão 34
A razão enquanto espírito teórico e espírito prático ... 38
O Reino da *Bildung* 42
O trabalho da *Bildung* 47

Capítulo III – A educação no espírito:
a *Erziehung* e o espírito objetivo 49
A *Erziehung* no contexto da *Bildung* 50
A *Erziehung* no desenvolvimento do
espírito objetivo: a educação na História 52
A educação na Antiguidade Oriental 53
A educação no mundo grego 54
A educação no nascer do Império
Romano e do Cristianismo 56
A educação da Idade Média à Reforma Protestante 60
Hegel e a história do seu tempo presente 65

Capítulo IV – Educação e eticidade (*Sittlichkeit*):
a *Bildung* e a *Erziehung* na sociedade moderna....... 67
A Eticidade..68
A Família...70
A Sociedade Civil..71
O Estado...73
Educação e Família...74
Família e Escola..77
Educação e Sociedade Civil.......................................79
O Trabalho e a *Bildung* na Eticidade Moderna........81
Educação e Estado..83
A possibilidade da plena
educação do gênero humano.....................................84

Considerações finais: para não perdermos a
possibilidade do estranhamento (*Entfremdung*).....89

Hegel: tempo e vida...99

Referências 105

Sites de interesse 109

INTRODUÇÃO

Iniciando a reflexão acerca de Hegel e a Educação, é importante registrar, antes de tudo, que Georg Wilhelm Friedrich Hegel foi um educador de ofício, um profissional da educação. Durante toda sua vida, dedicou-se a atividades ligadas à educação (MENEZES, 1969; NOVELLI, 2001). Logo depois de formado, começou a ensinar como preceptor (professor particular de famílias abastadas), ministrou aulas para ginasiais iniciantes (o que hoje seria o nosso Fundamental II), foi diretor (*Rektor*) de instituição de ensino, professor universitário "substituto" (*Privatdozent*) e, por fim, catedrático. Ou seja, ao longo de sua vida, assim como na vida de qualquer outro profissional da educação, ele se deparou com o burburinho dos alunos em sala (obviamente salvaguardada as proporções do murmúrio em uma classe de estudantes alemães do início do século XIX para a realidade atual de nossa cultura latina e tropical), teve que registrar notas em alguma coisa como um boletim ou uma caderneta, teve que tratar com alunos indisciplinados – e com os pais dos alunos indisciplinados –, teve que lidar com a carência de fomento para a educação, e, certamente, algum dia deve ter sopesado que o exercício da docência mereceria um melhor retorno salarial.

Kant, Hegel e outros pensadores dessa época já estavam vinculados profissionalmente à vida acadêmica e às atividades educacionais. Diferentemente dos grandes pensadores do passado mais remoto cujas origens sociais remetiam à aristocracia, os filósofos do início da Idade Contemporânea, em especial os germânicos, encontravam, nas atividades acadêmicas, a base de seu meio de vida. Então, é dividindo-se entre as tarefas de docente – durante um bom tempo – e de gestor escolar, que Hegel produziu sua obra.

Não obstante, o sistema filosófico elaborado por Hegel é um dos mais importantes da História do pensamento ocidental. Esse valor pode ser medido pelo fato de a produção hegeliana ser referência – seja na aproximação ou no distanciamento – para pensadores, como Feuerbach, Marx, Sartre, Lacan e tantos outros. A teoria educacional também registra a presença de elementos conceituais originariamente produzidos por sua escrita. Tomando como exemplo o pensamento pedagógico brasileiro, vamos encontrar Freire (1987), no seu clássico *Pedagogia do Oprimido*, tendo como referência direta o Hegel da *Fenomenologia do Espírito*:

> Se o que caracteriza os oprimidos, como "consciência servil" em relação à consciência do senhor, é fazer-se quase "coisa" e transformar-se, como salienta Hegel, em "consciência para outro", a solidariedade verdadeira com eles está em com eles lutar para a transformação da realidade objetiva que os faz ser este "ser para outro" (Freire, 1987, p. 36).

Assim, ainda hoje, alguns conceitos que são acionados pela reflexão filosófica e pela teoria da educação têm sua origem nas ideias de G. W. F. Hegel.

Contudo, é pertinente salientar que o sistema hegeliano é um dos mais sofisticados, dado às interações com outros sistemas e, particularmente, pela coesão do sistema que engendra. O que torna mais instigante tanto o contato com suas ideias quanto a tarefa de encontrar e atribuir-lhes significado. No que tange à filosofia em meio à problemática da educação, é igualmente instigante iniciar os estudos sobre um filósofo que se deparou com as tarefas diárias que empreendem todas e todos profissionais da educação.

Para dar conta de introduzir o leitor no universo da filosofia e da teoria da educação em Hegel, nossos objetos serão os conceitos de *Bildung* e *Erziehung*, tendo como problemática específica a relação desses conceitos com a noção de espírito. Para tanto, este livro está estruturado em quatro capítulos.

O primeiro apresenta os elementos básicos do sistema, tendo como referência o conceito de espírito. Aqui se destaca a relação entre espírito absoluto, subjetivo e objetivo, conceitos básicos para uma primeira leitura da filosofia hegeliana.

O segundo aborda a noção de *Bildung* em relação ao desenvolvimento do espírito subjetivo e defende que a ideia de *Bildung* está associada a termos como formação, cultura, ou formação moral.

O terceiro trata do espírito objetivo e do lugar do conceito de *Erziehung* nas efetivações históricas do espírito, entendendo a *Erziehung* como os processos educacionais vivenciados na vida em sociedade.

O quarto e último expõe a questão geral da educação no contexto da noção hegeliana de sociedade moderna e apresenta as reflexões hegelianas acerca do lugar e do papel da educação na moderna formação do cidadão e da vida social.

Ao longo dos capítulos, associamos, sempre que possível, referências de obras em português com o intuito de aproximar o leitor do acervo bibliográfico do filósofo publicado no Brasil.

Por fim, encerrando esta apresentação introdutória, gostaríamos de registrar nossos agradecimentos a Alfredo Veiga-Neto, pela disponibilidade para com nossa proposta de um trabalho sobre Hegel; a Ferdinand Röhr, pelas observações críticas; aos colegas do Departamento de Fundamentos do Centro de Educação da Universidade Federal de Pernambuco (UFPE), por constituírem um ambiente no qual, academicamente, vale a pena ser estranhado e ser reconhecido; a Sônia Sena e Amanda Ferreira, pelo apoio técnico; e a Xênia Soares, pelo apoio cotidiano.

	CAPÍTULO I

O ESPÍRITO

> O Absoluto é o espírito: esta é a maior
> definição de Absoluto.
>
> Enciclopédia das Ciências Filosóficas III
> A Filosofia do Espírito, § 384.

Hegel era um filósofo preocupado em compreender seu mundo e isto parece estar sendo desmentido pelo nível de abstração da frase acima. Todavia, precedendo todo um conjunto de ciências e de áreas de conhecimento das áreas atualmente chamadas "Ciências Humanas", o pensador aciona a filosofia – entendida aqui como a atividade de reflexão sistemática que se dá em meio a um vasto e complexo universo de noções e de conceitos – para o propósito de compreender o mundo.

Indicando já de início esta preocupação em apreender a realidade humana, temos na citação que inicia este capítulo o uso do termo "espírito". Neste sentido, é importante ter em mente, ao analisar a referida citação, que estamos diante da tarefa de traduzir um termo alemão, *Geist*, muito corrente na cultura germânica da virada do século XVIII, para um correspondente no português contemporâneo. Em seu uso corrente e comum, o termo espírito (*Geist*) é entendido como realidade sociocultural, ou a identidade de sua época.

Todavia, em Hegel, o termo assume um significado mais complexo e, segundo Henrique Lima Vaz (1992, p. 17), a noção de espírito "é a pedra angular do edifício do sistema hegeliano". Em uma primeira – e incompleta – acepção, podemos identificá-lo como o amálgama constituído tanto pelos valores e atitudes – individuais e coletivas – quanto pela realidade material que lhes corresponde.

Para Hegel, o espírito abarca tanto a consciência quanto as objetivações sociais. Dessa forma, o espírito é o *"Begriff* [conceito, noção, concepção] efetivado" (HEGEL, 1995[c], p. 23, 1970[c], p. 26) é o absoluto, pois é a totalidade do mundo no tempo infinito. A essência e a substância do espírito é a liberdade, isto é, ele é plenamente independente de qualquer "outro", pois se refere apenas a si mesmo. O espírito é "o existente para si que tem a si mesmo por objeto" (HEGEL, 1995[c], p. 23, 1970[c], p. 26).

A Ideia

A noção de *Begriff,* conceito, se associa à de *Idee,* Ideia. Segundo o autor da Fenomenologia do Espírito, a Ideia é "a unidade absoluta do conceito [*Begriff*] e da objetividade" (HEGEL, 1995[b], p. 348, 1970[b], p. 367). Esta definição deixa clara a aproximação entre a noção de espírito e Ideia na perspectiva do Absoluto, isto é, no plano da totalidade histórica da vida. Neste sentido, Hegel (1995[c], p. 29, 1970[c], p. 32) afirma que "o espírito é sempre Ideia".

O conceito (HEGEL, 1995[b], p. 292, 1970[b], p. 307), por sua vez, não é "uma mera forma do pensar" ou uma "representação geral", não é algo "morto, vazio e abstrato", pelo contrário, "o conceito é o princípio [*Prinzip*: no sentido de fundamento] de toda vida, e, assim, ao mesmo tempo, o simplesmente concreto". Então, distinto de Kant, o conceito em Hegel não é a representação abstratamente vazia de um objeto específico. Todavia, "o conceito não se deixa agarrar com as mãos"; ele é, de certa forma, abstrato, pois o concreto a que se refere não é o concreto sensível (*sinnlich Konkrete*), não é "o imediatamente perceptível", o que significa que a concretude do conceito só é perceptível por mediações. Para o autor de *O conceito de Religião*, o concreto é apreendido "como a unidade de determinações opostas" (HEGEL, 1998, p. 197). A concretude do conceito, então, é a unidade das múltiplas e divergentes mediações que constituem a vida. Lembrando que a unidade da objetividade da vida com a abstrata concretude do conceito é a Ideia.

Escorado na noção de Ideia, Hegel apresenta, na *Enciclopédia das Ciências Filosóficas*, um sucinto esboço da estrutura do seu sistema cujos troncos principais são: o lógico, o empírico-naturalista e o antropológico-ético. A separação por volumes determinada pelo filósofo para a sua *Enciclopédia* serve como parâmetro para se entender a organização do seu sistema. Assim, no primeiro momento, temos "A Lógica", enquanto "a ciência da Ideia em si e para si"; seguida da "Filosofia da Natureza" entendida como "a ciência da Ideia em seu ser-outro"; por fim, temos a "Filosofia do Espírito", a "Ideia que em seu ser-outro retorna a si mesma." (HEGEL, 1995[b], p. 58, 1970[b], p. 63).

Pautados por essa tríade de linhas programáticas, podemos, grosso modo, classificar o conjunto da obra hegeliana da seguinte forma: os textos do tronco lógico, sendo o mais representativo a "Ciência da Lógica" (1816); os textos do tronco científico-naturalista, no qual se destaca o segundo volume da *Enciclopédia das Ciências Filosóficas* (1830); e os textos da linha antropológico-ética, no qual se encontram os clássicos "A Fenomenologia do Espírito" (1807) e "Linhas fundamentais da filosofia do direito" (1821). Este último tronco é o que fará jus à nossa maior atenção, haja vista que nele encontraremos as reflexões específicas acerca da realidade social e histórica, e no qual também se encontram, com mais clareza, suas reflexões sobre cultura, formação, educação e processos pedagógicos: o conjunto de palavras que podemos relacionar aos termos *Bildung* e *Erziehung*.

O espírito absoluto

O Espírito é a vida vivida pela humanidade. Hegel, usando o universo conceitual da tradição filosófica, define-o como "a essência absoluta real que a si mesma se sustém" (HEGEL, 1992[b], p. 8, 1970[a], p. 326). Sendo essência e substância, significa que é o substrato de si em si mesmo e nessa tautologia, ele é absoluto. Todavia, a substância absoluta é em duas dimensões: subjetiva e objetiva, e dessa forma, o espírito é o absoluto que é também espírito subjetivo e espírito objetivo. Segundo Hegel (1995[c], p. 29, 1970[c], p. 32), o espírito em seu desenvolvimento (*Entwicklung*):

> I – É espírito subjetivo, na forma da relação a si mesmo – é-lhe dentro dele a totalidade ideal da ideia, isto é, o que seu conceito é, será para ele e este lhe é seu ser consigo, isso é, ser livre.

> II – É espírito objetivo, na forma da realidade enquanto um mundo produzido e a produzir a partir dele, no qual a liberdade é como necessidade presente.

> III – É o espírito absoluto no em-si e para-si existente e eterno produzir-se da unidade da objetividade do espírito e sua idealidade ou seu conceito, o espírito em sua absoluta verdade.

O desenvolvimento do espírito é o processo de sua autoformação, ou seja, é o movimentar-se em-si e para-si do espírito. O espírito, em seu plano absoluto, é a unidade entre o espírito subjetivo e o espírito objetivo. Em outras palavras, o processo de desenvolvimento do espírito absoluto se dá levando consigo a unidade espírito subjetivo/espírito objetivo. Por ser o absoluto, o espírito é a totalidade do mundo no tempo infinito. Todavia, é constituído de momentos finitos, isso é, sua dimensão subjetiva e sua dimensão objetiva transformam-se – aparecem e fenecem – ao longo do infinito movimento do espírito absoluto em desenvolver-se a si mesmo.

Hegel (1995[c], p. 32, 1970[c], p. 35-36), ao afirmar a finitude do espírito subjetivo e do objetivo, ressalta que ela não representa um limite incondicional. A determinação imposta pela finitude do espírito não lhe determina da maneira como a essência de uma coisa natural determina essa coisa. Ao afirmar a finitude do espírito, não se está afirmando que tal finitude coincida com uma essência fixa. O espírito tem por finitude um momento (*Moment*), diferenciando-se de uma coisa natural, o ouro, por exemplo, cuja finitude está ligada a uma qualidade determinada, sem a qual deixaria de ser "ouro". Assim, Hegel nos alerta que é equivocado afirmar que haja espíritos finitos, pois "o espírito, enquanto espírito, não *é* finito; ele *tem* a finitude em si", e dessa forma, o finito, em relação ao espírito, significa a superação-dialética (*Aufhebung*) de um momento por outro, ou seja, momento que se finalizou ao ser "superado-dialeticamente" (*aufgehoben*) pelo momento ulterior.

O "superar-dialeticamente" (*das Aufheben*) é o movimento de superação aperfeiçoadora. Segundo Hegel (1992[a], p. 84, 1970[a], p. 94), "o *Aufheben* [...] é ao mesmo tempo um negar e um conservar". Dessa forma, há um equívoco em apreciar essa finitude como uma finitude intransigível, haja vista que, aqui, não se trata de estabelecer uma diferença absolutamente estanque entre finitude e infinitude. Então, o pensador afirma que "o espírito é, por isso, *tanto* infinito *quanto* finito, e *nem* é só um *nem* é só o outro" (HEGEL, 1995[c], p. 33, 1970[c], p. 37) e completa que o espírito "permanece infinito em sua finitização, porque supera dialeticamente em si a finitude".

A finitização a que se refere são os momentos manifestos pela dimensão subjetiva e objetiva do espírito absoluto, momentos que surgem e expiram ao longo do infindo movimento do espírito em desenvolver-se a si mesmo. Nesse processo de constituir-se a si mesmo, o espírito realiza dois movimentos: alienação (*Entfremdung*) e exteriorização (*Entäusserung*). A alienação, ou estranhamento, é a ação espiritual de não reconhecer o que de si foi apartado. A exteriorização, ou apartamento, caracteriza-se pelo movimento espiritual de colocar diante de si o outro de si mesmo. Grosso modo, esses dois movimentos cadenciam o processo histórico-dialético do constituir-se do espírito: é no separar-se de si e estranhar-se que o espírito se desenvolve.

Neste contexto, os próximos parágrafos deste capítulo abordarão essas dimensões pelas quais o espírito absoluto se finitiza: o espírito subjetivo e o espírito objetivo. Porém, antes, é importante registrar que "a diferença entre espírito subjetivo e espírito objetivo não deve, pois, ser vista como uma diferença rígida" (Hegel, 1995[c], p. 38, 1970[c], p. 39), pois, no desenvolver-se a si mesmo, o espírito realiza o movimento de superação-dialética dos momentos finitos que, no seu bojo, constitui o movimento de superação-dialética referente à subjetividade e à objetividade de cada momento.

A separação entre o espírito subjetivo e o espírito objetivo não é estanque, pois, na própria constituição do espírito, o conceito – que se refere à sua dimensão subjetiva – e a efetividade – que remete a sua dimensão objetiva – estão unidos. Nesse movimento, o espírito subjetivo e o espírito objetivo antecedem-se e sucedem-se mutuamente, haja vista que também não se encontra, entre o conceito e sua efetividade, a antecedência de um ou de outro. Neste sentido, o filósofo atesta que "se poderia dizer igualmente que o espírito é primeiro objetivo e deve tornar-se subjetivo, como vice-versa, que é primeiro subjetivo e tem de fazer-se objetivo" (Hegel, 1995[c], p. 38, 1970[c], p. 39).

O espírito subjetivo

Diante do exposto, temos que o espírito subjetivo é a forma do espírito que "ainda não tornou objetivo para si o seu conceito" (Hegel, 1995[c], 38, p. 1970[c] 39). Três são as principais formas do espírito subjetivo que se ressaltam mediante seu desenvolvimento: a alma (*Seele*), a consciência

(*Bewuβtsein*) e o espírito (*Geist*). Cada forma dessas corresponde a um campo específico da investigação hegeliana no âmbito do espírito subjetivo, que são, respectivamente, a Antropologia, a Fenomenologia e a Psicologia.

A alma é o espírito imediato, é o espírito natural, o espírito "ainda preso na natureza" (Hegel, 1995[c], p. 39, 1970[c], p. 40). Isso se refere à corporeidade, às determinações naturais da alma, "aqui incluídas, por exemplo, as diferenças raciais"[1] (Sic) (Hegel, 1995[c], p. 39, 1970[c], p. 40). É no âmbito da Antropologia que as questões referentes à alma e à corporeidade serão tratadas. Todavia, o espírito segue seu desenvolvimento – o desenvolver do conceito e da efetividade que lhe corresponde – no qual se dá o triunfo da alma sobre a corporeidade. Pela negação da corporeidade, entramos no âmbito da Fenomenologia. Aqui, o espírito deixa de estar aprisionado na natureza; a alma constitui-se como consciência: é para si em relação ao seu outro. No entanto, o espírito aqui apenas se manifesta, ainda não é efetivo, ou seja, no âmbito da Fenomenologia, que remete à noção grega de *phainomenon* (aquilo que aparece), o espírito subjetivo ainda não se deu conta de sua objetividade enquanto espírito. Isto se dá quando o espírito subjetivo se encontra na forma do espírito, investigada no âmbito da Psicologia,[2] sendo nesta parte da ciência do espírito subjetivo que a razão se objetifica para si mesma, tornando-se objeto de sua própria reflexão.

Neste momento, o espírito subjetivo é considerado como espírito propriamente dito, abrangendo a objetividade de sua

---

[1] "Hierher gehören z. B. die Rassenunterschiede". Hegel, infelizmente, comunga do preconceito da época segundo o qual as raças tinham impregnadas na alma suas respectivas características naturais.

[2] A Psicologia como campo de investigação em Hegel não se refere à noção atualmente corrente de psicologia, relacionada às emoções e aos comportamentos dos indivíduos singulares ou do impacto do coletivo imediato ou ainda dos traços sociais de uma respectiva cultura nos sentimentos e atitudes do indivíduo. A psicologia a que o filósofo se refere está no plano objetivo e não no individual-singular.

subjetividade. A razão é "consciência-de-si" universal em si, ou seja, sendo objeto para si mesma, a razão é o espírito tomando consciência de si mesmo, daí que a razão é a "consciência-de-si", ou a autoconsciência, do espírito. Liberto da corporeidade, isto é, ultrapassando a particularidade das raças, o espírito agora é o universalmente humano.

A consciência dessa universalidade traduzida não mais como aparência, mas como uma objetividade que se dá como conteúdo da consciência, é a "consciência-de-si" do espírito, portanto, "consciência-de-si" universal, isto é, a razão. Neste sentido, "o espírito é a razão sendo para si mesma" (HEGEL, 1995[c], p. 41, 1970[c], p. 42), pois o espírito é essa consciência-de-si universal para si mesmo. Nessa atual figura, o espírito subjetivo é, na forma da subjetividade, inteligência (*Intelligenz*), e é, na forma da objetividade, vontade (*Wille*). A inteligência é a realidade objetiva da forma da maturidade teórica do espírito subjetivo e a vontade é a realidade objetiva da forma de sua maturidade prática, que se refere à determinação moral da ação, objetividade do espírito subjetivo.

Ao longo de todo o percurso do seu desenvolvimento, o espírito subjetivo avança na apreensão do conceito, cujo ápice é o saber-se espírito enquanto si mesmo.

Tendo percorrido as figuras principais do espírito subjetivo, resta-nos adentrar a investigação do espírito quando este torna objetivo para si o seu conceito: o espírito objetivo.

O espírito objetivo

A vontade (como a forma da objetividade do espírito subjetivo), ao ser exercida como vontade imediata (a vontade singular que é a atividade de determinação da razão na vida efetiva), confere objetividade ao que era apenas subjetividade. A efetividade do que no espírito era apenas enquanto conceito, enquanto subjetividade, não é outra coisa senão a objetividade do conceito, isto é, o espírito em sua dimensão objetiva.

Salientou-se anteriormente que a essência e a substância do espírito é a liberdade, pois é livre de qualquer outro, por exemplo, da natureza, da qual a consciência se liberta quando abandona as determinações da alma. Todavia, "a liberdade efetiva não é algo imediato existente no espírito" (HEGEL, 1995[c], p. 24, 1970[c], p. 27), pois, em seu desenvolver-se, o espírito absoluto é o constituidor da liberdade.

O conceito da liberdade avança com o progresso do espírito subjetivo, e a esse avanço corresponde o progresso da efetividade do conceito da liberdade, que demarca o avanço do espírito objetivo. Então, o movimento do espírito objetivo é pautado pelo avanço na efetividade da liberdade. A unidade entre o conceito da liberdade e sua efetividade é a Ideia de liberdade, assim, posto que o espírito, em sua dimensão absoluta, é sempre Ideia, temos, então, que o espírito é a Ideia de liberdade.

No entanto, Hegel comenta que "acerca de nenhuma Ideia sabe o homem que seja em geral tão indeterminada, ambígua e capaz dos maiores mal-entendidos e que, por isso, é realmente sujeita a eles, quanto a Ideia de *liberdade*" (HEGEL, 1995[c], p. 275, 1970[c], p. 301). Segundo o filósofo, apenas com o advento do Cristianismo é que essa Ideia deu-se primeiro no mundo, haja vista que difundia, entre seus adeptos, a consciência de serem em si livres, mesmo sob a condição de escravidão. Para o autor da *Enzyklopädie*, isso não tinha se dado entre os gregos e os primeiros romanos, e nem entre os povos da Antiguidade africana e oriental. Para ele:

> Platão, Aristóteles e também os estoicos [...] sabiam que o homem era livre apenas através do nascimento (como ateniense ou espartano) ou pela força-de-caráter, pela formação moral, ou através da filosofia (pois o sábio é livre mesmo como escravo e em grilhões) (HEGEL, 1995[c], p. 275, 1970[c], p. 301).

Ainda não sabiam, portanto, que o homem é livre em si. Esta Ideia, ou seja, a unidade da subjetividade e objetividade, do conceito e da efetividade, se inicia no mundo cristão, pois, tendo se tornado Ideia, seu conceito se efetiva na vida real.

Esta efetividade é o espírito objetivo, pois é no mundo cristão que a religião – como realidade dessa objetividade – prega essa liberdade em si, tendo nessa pregação a propagação da noção de que a suprema liberdade é a independência plena dos impulsos da corporeidade, o ser livre dos pecados: o anúncio da vontade singular que, ao afastar-se do gozo dos prazeres do mundo e do corpo, dá seus primeiros passos na determinação universal. Neste sentido, então, a vontade, a figura da objetividade do espírito subjetivo, é exercida como vontade imediata, conferindo efetividade ao conceito, ou seja, atribuindo objetividade ao que era tão somente subjetividade.

Saindo do plano objetivo da subjetividade e adentrando o plano objetivo propriamente dito, temos a efetividade objetiva dessa liberdade no fato de o ordenamento jurídico do Estado Romano reconhecer, em uma certa altura, a religiosidade cristã como sendo a sua religião oficial.

O mundo objetivo, ou a objetividade do mundo, constitui uma teia substancial, composta pela realidade da religião, do sistema jurídico e dos costumes, que confere à liberdade efetiva a "forma da necessidade" (Hegel, 1995[c], p. 280, 1970[c], p. 303), significando que a realidade do espírito objetivo expressa a liberdade correspondente ao conceito desta mesma liberdade.

As instituições e costumes que compõem a objetividade do espírito constituem-se como uma teia de relações necessárias que expressam a efetividade da liberdade. Por exemplo, tendo o conceito de liberdade avançado ao ponto da liberdade privada, a efetividade que lhe corresponde constitui-se como o tecido substancial que possibilita o exercício de tal liberdade: são, então, as instituições jurídicas que tornam reconhecível tal direito. Por sua vez, o mundo dos costumes é também uma parte deste tecido, pois, nele, o indivíduo é educado para não ter a vontade imediata de se apropriar, de forma ilegal, dos bens de outrem. E, na universalidade e necessidade advindas dessa educação, o respeito à propriedade se efetiva como costume.

Dessa forma, direito e dever se complementam: o direito ao respeito à minha propriedade corresponde ao meu dever em respeitar a propriedade alheia. Ou ainda, tendo, por exemplo, o conceito da liberdade como a plena autonomia racional diante dos instintos e inclinações – a liberdade como autonomia da vontade – a realidade que lhe corresponde configura-se por um sistema jurídico cuja Constituição, a Carta Magna que constitui o Estado, é composta por princípios universais, e não pela expressão legal dos interesses corporativos. Nos costumes, isso corresponde a reconhecer qualquer humano como ser racional autônomo, cujo direito lhe permite a independência em relação aos interesses específicos das corporações. Por conseguinte, ao direito de ser reconhecido enquanto ser racional livre corresponde o dever de a todos reconhecer como tal.

Espírito, *Bildung* e *Erziehung*

O desenvolvimento do espírito em sua dimensão absoluta é o próprio desenvolvimento do mundo ao longo da História universal. Em meio a esse portentoso movimento, o espírito educa-se a si mesmo, formando os sucessivos momentos de sua dimensão subjetiva. Resultando desse movimento de autoformação, constituem-se sucessivas faces de sua identidade subjetiva, respectivamente correspondentes à maturidade atingida ao longo do desenvolvimento.

Hegel filosofa sobre o percurso das manifestações do espírito, ou seja, sobre todo o desdobrar das manifestações humanas, que parte da formação da consciência, na sua figura mais simples, até a figura mais complexa do espírito. Isto é, sua especulação filosófica parte das atitudes mentais mais básicas do indivíduo empírico até as determinações mais universais da humanidade.

O caminhar progressivo do espírito é o caminhar progressivo da consciência. Segundo Lima Vaz, na trajetória da edificação do sistema hegeliano, "a noção de 'consciência', [...], caminha para tornar-se um conceito histórico-dialético como momento do desenvolvimento do espírito" (VAZ, 1993, p. 555). Neste progresso, o espírito, em sua dimensão subjetiva, se autoforma enquanto subjetividade. Isto é, em seu movimentar-se ao longo da História, o espírito constitui sucessivas conformações culturais e morais, sucessivas *Bildungen*.

Assim, a *Bildung* é um dos resultados desse processo de autoeducação do espírito, realizado no âmbito de sua dimensão subjetiva.

No entanto, configurando-se como o outro do espírito subjetivo, o espírito objetivo se dá via efetividade histórica correlata ao avançar do espírito em sua totalidade. Desse modo, inserida no universo de instituições do mundo real e histórico (tais como o Estado, a família e a religião), a educação desempenha seu papel no magnífico processo de desenvolvimento efetivo do mundo.

Entendida como o processo de ensino-aprendizagem que habilita o homem singular à vida em sua respectiva sociedade e à medida cujo processo educacional que realiza as demandas político-pedagógicas da própria sociedade, a educação é *Erziehung*. Portanto, se a *Bildung*, na perspectiva do espírito subjetivo, é educação enquanto resultado do processo de desenvolvimento do próprio espírito, daí ser entendida também como cultura; a *Erziehung*, na perspectiva do espírito objetivo, é educação quando conjunto das ações efetivas no campo pedagógico, correspondentes às necessidades inerentes à realidade objetiva do espírito.

Serão, então, estes dois aspectos da educação na obra de Hegel que trataremos no decorrer deste livro.

| CAPÍTULO II

O ESPÍRITO EDUCANDO A SI MESMO: A *BILDUNG* E O ESPÍRITO SUBJETIVO

A filosofia hegeliana, em particular suas noções de ideia e espírito, procura responder diretamente às questões derivadas da filosofia kantiana (Vaz, Stanguennec, Hypollite, Kojève). No âmbito da *Crítica da Razão Pura*, Kant condena à impossibilidade uma produção de conhecimento sistematicamente válida, isto é, científica, sobre o mundo enquanto uma totalidade, pois propõe que o conhecimento cientificamente válido só é aquele que, sistematizado pelo entendimento, parte da experimentação espacial e temporal determinada.

Por transcender ao conjunto das experiências possíveis acerca do que se possa conhecer sobre os inúmeros aspectos do que se entenda por "mundo", o mundo em-si, sugere Kant, se projeta como uma ideia da razão, do qual pode até se ter consciência, mas sobre o qual não se poderia estabelecer um conhecimento cientificamente válido, isto é, um conhecimento que, partindo da experiência espacial-temporal, possa ser elaborado pelas categorias do entendimento. Ou seja, o mundo é muito maior do que a capacidade do sujeito cognoscente em experimentá-lo em um determinado espaço-tempo. Daí ser transcendente a experiência possível, pois o "conhecer" o mundo transcenderia a qualquer possibilidade de se determinar a experiência necessária para esse conhecer. É o que indica o filósofo de Königsberg.

Todavia, Hegel segue um caminho distinto de Kant, de certa forma já sugerido por J. G. Fichte, indicando que o sujeito cognoscente que se coloca à tarefa de conhecer o mundo é o próprio espírito, enquanto a própria totalidade do mundo. Daí, a experiência necessária para se "conhecer" o mundo já está posta, pois é a própria história do espírito. Assim, o espírito é, ao mesmo tempo, sujeito e objeto de si mesmo: como sujeito cognoscente de si mesmo é espírito subjetivo, como objeto de si mesmo é espírito objetivo. Neste sentido, o espírito é o mundo, posto que é o conceito mais a sua efetividade, é o saber que se sabe do e no mundo mais a realidade objetiva que, de certa forma, é a expressão desse saber. O espírito, então, é a própria ideia de mundo. Assim, Hegel apresenta seu pensamento como uma alternativa aos impasses da filosofia kantiana que, ao colocar o mundo como uma das ideias da razão, deslocava-o para além das possibilidades de se produzir sobre ele uma análise que impute "lógica" e sentido acerca de seu desenvolvimento. Porém, é importante salientar que, em termos hegelianos, o "conhecimento"[3] acerca do mundo não é da mesma natureza do como se conhece um objeto qualquer. Não é como "conhecer" o ouro, que seria atribuir-lhe as características físico-químicas que, necessariamente, o tornam "ouro", e não prata: tipo de conhecimento que, kantianamente, se daria sob o acionamento das categorias do entendimento.

Hegel indica que o conhecimento acerca do mundo é dado pela investigação do próprio processo de desenvolvimento do espírito que corresponde ao processo de maturação do espírito quanto à sua capacidade de saber sobre si

---

[3] Demarcando a aproximação e distanciamento entre Hegel e Kant no que tange à teoria epistemológica, observamos o uso do termo *Erkenntniß* (usualmente traduzido por "conhecimento") utilizado por Kant, por exemplo, na intitulação da primeira parte da Introdução da Crítica da Razão Pura, "*Von dem Unterschiede der reinen und empirischen Erkenntniß*" (Da diferença entre conhecimento puro e empírico) e o uso do termo *Wissen*, usualmente versado como "saber". Hegel, então, ao modo kantiano, usa *Erkenntniß* para se referir ao conhecimento relacionado ao entendimento (*Verstand*). Já o produto epistemológico do espírito é o saber (*Wissen*), sobre o qual, sugere Hegel, é possível fazer-se ciência – em alemão, *Wissenschaft*.

mesmo. Por ser o sujeito e o próprio objeto, esse processo de maturação corresponde, por sua vez, ao desdobrar-se do espírito em sucessivas figuras que expressam seu grau de maturidade subjetiva e objetiva. Dessa forma, o "saber" o mundo, como quem sabe "cientificamente" é possível graças ao processo de desenvolvimento do espírito, que no decorrer da experiência vivenciada – a História – avança na capacidade de saber-se a si mesmo.

No capítulo anterior, comentou-se que o espírito é em essência liberdade, além de ter por objeto a si mesmo. Entretanto, salientou-se também que a liberdade efetiva não existe imediatamente no espírito: ela se constitui através do desenvolvimento do espírito absoluto, avançando junto com o progresso do espírito subjetivo, cujo ápice é o saber-se a si mesmo. Por conseguinte, trataremos agora da trajetória percorrida pelo espírito a fim de educar-se, formar-se subjetivamente, a ponto de chegar ao mais avançado saber de si mesmo, que corresponde a mais desenvolvida consciência da liberdade.

A *Bildung*

O avanço do saber-se a si mesmo é o processo de formação do espírito a partir da experiência de si consigo mesmo, na qual é, ao mesmo tempo, o educador e o educando. O primeiro aspecto da relação entre Hegel e educação a ser tratado é referente à formação, *Bildung*, no contexto do progresso subjetivo do espírito.

O pensamento hegeliano se caracteriza como um filosofar acerca de processos. Metaforicamente, assim como Fausto, personagem de Goethe – e de certa forma também o seu jovem Werther – o espírito matura ao longo de sua experiência de vida o saber que tem sobre si mesmo. O processo histórico-dialético no qual o espírito se move é, então, o progredir do educar-se do espírito: o desenvolver-se cada vez mais em uma subjetividade mais elevada. O que chamamos aqui de *Bildung* é um dos resultados desse progresso, desse desenvolvimento subjetivo, resultado que se constitui como uma formação moral, uma cultura ética, uma *Bildung*.

Termos como "formação", "cultura", "cultura moral", "formação moral" e "educação" são encontrados nas traduções em português se referindo à palavra alemã *"Bildung"*.[4] No entanto, analisando os usos do termo na obra hegeliana, a tradução direta de *"Bildung"* por "educação" (TUBBS, 2008, p. 43) parece ser a que suscita maiores distanciamentos quanto a uma compreensão razoável dos possíveis sentidos atribuídos pelo filósofo ao termo.

Tal afastamento pode ser percebido se, por exemplo, usarmos a palavra "educação" substituindo *"Bildung"* em determinadas passagens da *Enciclopédia das Ciências Filosóficas II: A Filosofia da Natureza* (HEGEL, 1970[e]). Referindo-se à natureza geológica, afirmando que "o primeiro organismo existe não como vivo" (1970[e], p. 342) e que seus elementos constituem um sistema externo ao processo da vida em si mesma (1970[e], p. 343), HEGEL (1970[e], p. 352) defende que "a Bildung física da terra é tão específica que sua superfície irrompeu em orgânicos pontos intermediários". Ele se refere ao fato de que estes pontos da superfície estão constituídos em relação ao núcleo, cujos elementos se manifestam em sua crosta e solo, e afirma que "o cerne e a raiz destas *Bildungen* não é um simples Si, porém a desenvolvida totalidade da *Bildung*, que em si contém os momentos já mutuamente dissociados".

Assim, traduzir *Bildung* diretamente por "educação" e, neste caso, incluindo até mesmo o termo "cultura",

---

[4] Este autor também já traduziu *Bildung* por "educação". Ver SILVA, André Gustavo Ferreira da. O conceito de Liberdade (*Freiheit*) como fundamento da noção de Educação (*Bildung*) em Hegel. Revista Sul-Americana de Filosofia e Educação. Número 17: nov/2011-abr/2012, p. 3-13. Disponível em: <http://seer.bce.unb.br/index.php/resafe/article/view/6464/5226>. Acesso em: 16 ago 2013.

levar-nos-ia a compreensões tais como: "a Terra se educa fisicamente", "a educação da crosta da superfície se desenvolve do núcleo terrestre" e etc. Contudo, se essas passagens, por um lado, indicam que haverá um deslocamento da ideia original usando-se o termo "educação", por outro lado, reforçam a ideia segundo a qual a *Bildung* em Hegel é, antes, o resultado de um processo do que o procedimento em si. Daí se encontra em sua obra o uso da palavra *Bildung* tanto em referência à natureza geológica da Terra quanto à subjetividade adquirida por meio do trabalhar, pois, em ambos, *Bildung* é formação: a forma a que se chegou por intermédio de um dado processo formativo.

Neste sentido, a primeira figura da *Bildung* está relacionada ao movimento no qual a própria subjetividade se forma como "consciência-de-si" (*Selbstbewußtsein*) na certeza da singularidade.[5] Em outras palavras, a primeira formação subjetiva do espírito resultante de seu desenvolvimento é o indivíduo saber-se como autoconsciente. Este é, também, o primeiro passo dado na efetividade da liberdade.

Em termos históricos, essa *Bildung* não ocorre antes dos gregos. Isto é, para Hegel, o espírito subjetivo no tempo antes dos gregos ainda não tinha constituído a liberdade como saber, ainda não tinha atingido a primeira figura de sua educação. Seja enquanto expressão artística, ordenamento jurídico e expressão do direito, esses povos expressavam o não-saber do espírito acerca da liberdade e manifestavam

---

[5] Neste ponto, temos a passagem da alma, ainda como consciência, para a autoconsciência. Segundo Hans Klotz (2010, p. 238), "Hegel não concebe a autoconsciência como simples autopercepção empírica. Em vez disso, a consciência de si, na sua forma originária, seria caracterizada pelo opor-se a qualquer determinação empírica". A simples consciência, como a dimensão mais elevada da alma, que, por sua vez, é o elo entre a animalidade orgânica e a humanidade espiritual no homem, obtém a autopercepção de si na experiência meramente empírica com as coisas, que, por não estarem à mercê de uma intencionalidade espiritual, não constituem "mundo", porém, apenas "natureza". Não é essa percepção de um "si" advinda da experiência empírica que constitui a autopercepção da Selbstbewusstsein. Grosso modo, esta decorrerá da dialética do reconhecimento.

que a formação subjetiva do espírito ainda não tinha a liberdade como conceito.

As civilizações da antiguidade oriental registravam a ausência de uma consciência da liberdade quando efetivavam um Estado teocrático e despótico, no qual só o mandatário supremo exercia suas ações com independência. Em suma, era uma sociedade formada por um senhor e por inúmeros servos, na qual o primeiro exercia plenamente o gozo de sua vontade imediata, e os demais tinham qualquer desejo negado. Por conseguinte, Hegel afirma que "os orientais ainda não sabem que o espírito, ou o homem como tal, é livre em si mesmo; e porque não o sabem, eles não o são" (HEGEL, 1999, p. 24, 1970[f], p. 31). A despótica independência desse senhor não o torna um homem livre, não confere à sua subjetividade a consciência da liberdade. Para o autor da *Filosofia da História*, esses povos "sabem apenas que só um humano é livre, mas por isso mesmo tal liberdade é apenas arbitrariedade, barbárie [...]. Esse *único* é, consequentemente, um déspota, e não um homem livre" (HEGEL, 1999, p. 24, 1970[f], p. 31).

Reconhecimento e trabalho:
os passos iniciais da autoeducação do espírito

Em Hegel, o processo de desenvolvimento histórico do espírito move consigo as transformações na *Bildung* ao longo do tempo. A própria ultrapassagem da não-liberdade dos orientais para o patamar da primeira figura da consciência da liberdade – que será manifestada pelo mundo greco-romano – é a passagem de um estágio de formação para um outro mais elevado, onde a incorporação de um novo saber demarca a passagem para uma nova face da *Bildung*.

Segundo Hegel, é a formação subjetiva resultante do trabalho que assinala o evento da consciência percebendo-se como "consciência-de-si", ou seja, dá-se conta de que é apartada e independente da outra que está diante de si, que é o primeiro passo no caminho para o avanço nas percepções da liberdade. O pensador aborda esse momento de constituição da "consciência-de-si" em uma das passagens mais significativas de sua produção filosófica: a dialética do senhorio-escravidão encontrada na *Fenomenologia do Espírito*. Nesta obra – marco inicial da maturidade do sistema hegeliano –, encontra-se estabelecida a noção da consciência como momento do desdobrar-se do espírito, registrando duas linhas principais acerca do seu filosofar sobre a consciência: a condução da consciência ao ápice da ciência (a filosofia) e a análise dessa trajetória para a ciência. Esta análise, dado o seu caráter investigativo, é uma "ciência" específica: a "ciência da experiência, a que faz a consciência" (HEGEL, 1992[a], p. 40, p. 1970[a], 38).

Ao longo da trajetória para o ápice do saber, a consciência assume diversas configurações, cada qual com o seu saber característico, onde cada uma delas corresponde a um momento no desenvolvimento do espírito. O processo de autoeducação do espírito, nos seus primeiros momentos, confunde-se com o processo de constituição da autoconsciência. É sobre este processo que tratam os parágrafos seguintes.

No âmbito da fenomenologia da consciência, isto é, no âmbito da ciência da experiência da consciência, deve-se destacar sua experiência em relação ao objeto e à outra consciência. Distinguindo-se da metafísica tradicional, a consciência em Hegel não é uma essência imanente, tal como a alma racional platônica; ela se constitui por intermédio de sua experiência, significando que a própria capacidade cognitiva da consciência progride ao longo do percurso de sua vivência. Essa formação que, traduzida na materialidade das circunstâncias, se dá na vivência da consciência do escravo e do senhor em relação ao objeto produzido pelo trabalho, e na vivência de ambos diante do outro que se lhe está diante, está expressa na dialética do reconhecimento. É ao longo deste processo que a consciência se constitui enquanto *Selbstbewußtsein*: "consciência-de-si" ou autoconsciência.

Segundo Santos (1993, p. 82), a noção de consciência-de-si em Hegel se distingue também da tradição cartesiana, posto que, naquela, "é a intuição imediata que coloca o espírito presente a si mesmo". Isto é, ao anunciar o *cogito ergo sum*, Descartes pressupõe que a consciência dá-se à percepção de si mesma de forma imediata e que, nessa imediatez, já tem posta sua plena capacidade cognitiva: o pensar e o perceber-se como existente se manifestam imediatamente. Por outro lado, Hegel propõe que a maturidade do "cogitar" a si mesmo advém do processo de experiência da consciência mediatizado pelo outro: "entre mim e mim mesmo o outro se instala" (Santos, 1993, p. 82).

Em suma, a simples consciência se dava mediante à percepção de um objeto. A "consciência-de-si" se dá, então, quando o "objeto" que se tem diante é outra consciência. Ao reconhecer o outro diante não mais como um objeto inerte, mas como outra consciência, ambas as consciências se percebem mutuamente como o não-outro, isso é, o "si-mesmo": a autoconsciência se instaura mediada por outra consciência que, assim, também se constitui enquanto autoconsciência. Isso significa que não é apenas a sensível certeza da corporeidade que constitui a "consciência-de-si", mas que é na reflexão do cogitar do outro acerca de "mim" mesmo que o "eu" se reconhece em si mesmo. Em outras palavras, é o reconhecimento que o outro tem de mim que me faz reconhecer-me a mim mesmo. Este outro não é um objeto, uma coisa qualquer da natureza que se tenha diante de si: este outro é outra consciência. Neste sentido, a autoconsciência ou a "consciência-de-si" se constitui quando é reconhecida por outra consciência-de-si. Nas palavras do próprio Hegel: "a 'consciência-de-si' é em si e para si quando e porque é em si e para si para uma outra; quer dizer, só é como algo reconhecido" (Hegel, 1992[a], p. 126, 1970[a], p. 145).

A experiência da consciência no processo dialético do reconhecimento é um dos elementos fundamentais na formação subjetiva do espírito.

A formação da consciência é a experiência que lhe constitui nessa vivência. O processo da experiência da consciência em relação ao reconhecimento começa quando se enfrentam duas consciências que desejam. No reconhecimento, o desejo em disputa é o desejo de ser reconhecido por outra consciência. O desejo aqui posto não é apenas a carência física; o querer algo que satisfaça a uma falta específica não é, portanto, o desejo na dimensão orgânica-animal: a carência de comida, bebida, proteção física, etc., pois, transcendendo à natureza orgânica, o desejo agora instaurado é o desejo de ser reconhecido como o outro da natureza: é o desejo de ser reconhecido como humano. Contudo, o desejo de ser reconhecido se dá em disputa, pois ambas as consciências desejantes disputam ser reconhecidas pela outra, em um ambiente no qual tal disputa não está regulada por um Estado do tipo moderno, ou seja, ainda não há uma objetividade do direito que possibilite uma regulação racional da disputa pelo reconhecimento.

O ambiente, então, no qual se dá esta disputa é o Estado de Natureza,[6] dessa forma, a disputa pelo reconhecimento se inicia pela submissão do outro pela força. Nesta luta, o que se coloca em disputa é o mútuo desejo de subjugar o desejo do outro, isto é, as consciências em luta concorrem segundo o mesmo desejo: o desejar o reconhecimento do outro, subjugando-o pela força. No âmbito desta luta, Hegel (1992, p. 128, 1970[a] p. 149) defende que "a relação das duas consciências-de-si é determinada de modo que elas se provam por si mesmas, e uma à outra, através de uma luta de vida ou morte".

Neste sentido, o filósofo "historiciza" e "processualiza" a reflexão acerca da constituição da autoconsciência, pois, desde o procedimento desta luta, que se contextualiza

---

[6] Hegel pensa a Sociedade Política como uma construção histórica, uma realidade em constante dinamismo. Distingue-se, assim, da tradição jusnaturalista e contratualista por conceber a passagem do Estado de Natureza para o Estado Político enquanto um processo histórico.

historicamente, a essência constitutiva da "consciência-de-si" não é o ser, enquanto uma substância imediata, assim como propunham, por exemplo, Platão e Descartes. Mediada por outra, a autoconsciência está em constante processo de formar-se; "nada há para ela que não esteja em momento de desaparecimento" (HEGEL, 1992, p. 129, 1970[a], p. 149). Portanto, a *Selbstbewußtsein* "é somente puro ser-para-si" (HEGEL, 1992, p. 129, 1970[a], p. 149).

A luta de vida e morte empreendida pelas consciências opostas representa, então, um importante momento no desenvolvimento da "consciência-de-si", uma importante vivência. Nesta experiência, para a consciência, que na luta subjugou-se em temor da morte e a favor da vida, torna-se a vida tão essencial quanto a pura autoconsciência.

Tem-se agora, por conseguinte, duas consciências em oposição: uma consciência independente, o senhor, e uma consciência dependente, aquela que, na luta, constituiu a vida como sua essência, o escravo. Do resultado dessa luta se instaura um reconhecimento desigual, donde se tem duas formas distintas de "consciência-de-si". A autoconsciência do senhor advém do ser reconhecido pela consciência do escravo, que se subjugou para salvar sua vida. Todavia, nessa sujeição tem sua essência, a vida, determinada pela força do senhor; a "consciência-de-si" servil é, então, uma consciência inessencial; sua essência não lhe pertence, haja vista que o senhor tem a prerrogativa do exercício da força mortal sobre ela. Contudo, por ter como subjugada a consciência que lhe reconhece, a "consciência-de-si" do senhor não é plenamente independente, pois aquela que lhe reconhece é inessencial: é para ele, ainda, um objeto.

O filósofo propõe que o trabalho realizado pelo servo lhe confere um *status* que não cabe ao senhor: o de perceber-se enquanto uma autoconsciência independente. Segundo Hegel, esse procedimento se desenrola mediante o fato de que a ação de trabalhar – realizada pelo escravo –, ao transformar a matéria natural em objeto produzido pelo trabalho, transforma o que antes era mera natureza em objetos desejados e que suprirão outras carências que não aquelas que possam ser satisfeitas pelas coisas não-trabalhadas da natureza. Além do que, se o senhor é reconhecido por uma autoconsciência inessencial – a do escravo –, o mesmo não acontece com a consciência servil. O servo é reconhecido por uma consciência essencial; o senhor não é um objeto, é uma "consciência-de-si" distinta, é o outro. Porém, este outro tem a força de negar a realização do desejo que a consciência servil nutre pelo fruto do seu trabalho, o objeto transformado da natureza. A consciência servil, então, se constitui não mais pela certeza sensível da posse de um objeto; porém, pela certeza de ser distinta do mundo (constituído pelos objetos produzidos pelo trabalho) e da consciência que lhe é como o outro.

Segundo Hegel, "o objeto tem independência para o trabalhador" (HEGEL, 1992[a], p. 132, 1970[a], p. 154). Pela via da ação de trabalhar, ou seja, a ação de transformar a natureza em mundo humano, a consciência servil se transfere para fora de si ao construir pelo trabalho o mundo que lhe cerca. Em contrapartida, por não gozar livremente do fruto do trabalho, a consciência escrava está em uma situação que o senhor não atingiu, haja vista que o seu "perceber-se" não depende do gozo do desejo; "a consciência trabalhadora, portanto, chega assim à intuição do ser independente, como [intuição] de si mesma" (HEGEL, 1992[a], p. 133, 1970[a], p. 154).

É pelo trabalho, pela transformação da natureza em mundo humano, que a cultura se forma, posto que a cultura seja a dimensão subjetiva própria de um mundo constituído por objetos – e relações – não mais determinados pela natureza em-si, mas pelos sentidos, desejos e carências geradas pelo próprio homem em sociedade. Advinda do trabalho, a cultura, por ser resultante de um processo formativo, é *Bildung*.

O trabalho constitui esta primeira face da *Bildung*.

O termo *Bildung*, usado por Hegel, indica então que o trabalho constitui a dimensão subjetiva que pode ser identificada por termos como "cultura" e "formação": o conjunto de elementos que caracterizam a subjetividade de um determinado sujeito. Nesse sentido, Hegel (1992[a], p. 132m 1970[a], p. 153) afirma categoricamente que: "O trabalho *forma (bildet)*". A negação do desejo de possuir o objeto trabalhado leva a consciência escrava a reconhecer outra distinta da sua, no entanto, não é por ela plenamente reconhecida. Portanto, o trabalho é o meio de educação da consciência no que diz respeito à sua percepção de si. É importante notar que o verbo *"bilden"* (formar) está no radical do substantivo *Bildung*, sugerindo que a cultura e a formação ética cujas transformações se dão ao longo da vida do espírito – a História – são resultado da ação do seu formar-se a si mesmo.

Enfim, é no decorrer desse processo que o espírito educa-se a si mesmo, que se constitui em uma subjetividade progredida. Em suma, decorrente da dialética do reconhecimento e do trabalho sobre a natureza, o movimento do espírito resulta na figura da *Bildung* com a qual a liberdade primeiro se manifesta.

O espírito subjetivo educando-se para a razão

O primeiro capítulo deste livro esboçou a noção de espírito subjetivo em Hegel. Nele, ressaltou-se que o espírito abarca três formas da subjetividade: a alma, a consciência e o espírito. A alma aludia à corporeidade, incluídas as diferenças raciais; a consciência é tratada na esfera da Fenomenologia; o espírito é abordado no âmbito da Psicologia, abarcando a razão, tida por Hegel como a autoconsciência universal em si. Aliás, a razão é considerada pelo filósofo como a consciência-de-si do espírito.

Na sessão anterior, tratamos da formação da "consciência-de-si", o que significa que estávamos ainda no âmbito da Fenomenologia: a ciência da experiência da consciência. Ao tratar da autoconsciência, se chegou ao momento mais elevado do âmbito "consciência" do espírito subjetivo, indicando que, seguindo o caminho de seu desenvolvimento e autoeducação, chegamos agora ao momento "razão".

A dialética do reconhecimento entre senhor e escravo, proposta por Hegel, defendeu que a "consciência-de-si" do escravo manifesta a primeira figura da liberdade, pois o servo não trabalha no interesse exclusivo de seu desejo. A sua vontade deixa de ser apenas desejo, deixa de ser apenas vontade natural e dá, assim, o primeiro passo em sua autonomia, haja vista que já é capaz de determinar a ação não mais movida por carência natural, mas pela primeira figura do dever: o temor. Nesta vontade que é desejo-negado, o querer do escravo suprime seu eu-natural ao negar-lhe a possibilidade do egoísmo e, segundo o filósofo, esta "subjugação do egoísmo do escravo forma [acultura] o começo da liberdade verdadeira dos homens" (HEGEL, 1995[c], p. 205, 1970[c], p. 125). Isto quer dizer que essa submissão do egoísmo educa o espírito subjetivo na primeira figura do conceito de liberdade e esta negação do egocentrismo abre o caminho para a ulterior universalização do "querer", que, esvaziado de seu conteúdo material, deixa de ser "querer" como o desejar-coisas para ser vontade, a determinação da ação por intermédio de princípios.

Pelo lado do escravo, a *Bildung* se constitui enquanto uma cultura na qual o desejo deixa de ser o "querer coisas", visto que a autoconsciência do escravo é a primeira a se aproximar de uma determinação na forma de vontade. Todavia, decorrente do desenvolvimento do espírito, essa submissão do "egoísmo", que se deu apenas à consciência servil, atinge as demais consciências, ou seja, universaliza-se, com o desenvolvimento do espírito, a independência para com o desejo natural: expande-se o "perceber-se" não dependente do gozo dos desejos. Para tanto, se faz necessária a "independência" do senhor em relação ao trabalho do escravo, pois "o senhor – oposto ao escravo – ainda não era livre verdadeiramente" (HEGEL, 1995[c], p. 207, 1970[c],

p. 226). Isto é, ainda dependia do gozo dos desejos mediado pelo trabalho escravo. Neste sentido, o filósofo completa que "somente através do libertar-se do escravo, o senhor, consequentemente, se torna completamente livre" (HEGEL, 1996, p. 207, 1970[c], p. 227).

O advento do fim da escravidão estabelece a universalidade da figura da liberdade que era apenas do lado do escravo. Por conseguinte, a "consciência-de-si" livre, que antes era apenas do lado do escravo, agora se universaliza, o que corresponde à universalização daquela independência diante do querer-natural. Agora, as "consciências-de-si" refletem-se mutuamente enquanto "Eus" autônomos. Neste processo, a volição que também se encontra universalizada é aquela cuja determinação não é objeto do desejo natural – posto que já se dá num mundo de cultura – nem é o dever enquanto medo da morte, pois que não está em situação de escravidão. Essa volição é, então, vontade autônoma. A pluralidade de "Eus", que se contrapõe enquanto consciências autônomas e que, portanto, resistem mutuamente umas às outras, coincidem na autonomia, constituindo uma consciência universal da autonomia, que, por ser consciente de sua autonomia, é "consciência-de-si", e por ser universal, é uma "consciência-de-si" universal. E como já foi apontado, a "consciência-de-si" universal é a razão.

A razão, portanto, é o momento mais elevado do desenvolvimento do espírito subjetivo. O momento "razão" é a superação dialética dos momentos alma e consciência, que, por ser um superar-dialético, nega-os conservando-os, significando que a razão transcende à singularidade da corporeidade (alma) e à particularidade da consciência. Tendo atingido o momento da razão, o espírito subjetivo educou-se para a universalidade e, no decorrer de seu desenvolvimento, superando-dialeticamente cada momento precedente – alma, consciência e "consciência-de-si" –, o espírito subjetivo avançou no seu educar-se. Essa formação subjetiva decorrente do processo de seu desenvolvimento confere-lhe o progresso do saber sobre si mesmo e, consequentemente, o avanço na apreensão do conceito da liberdade. Sendo subjetiva, essa formação, então, é uma autoeducação. Aqui, o termo "educação" deve ser acionado, pois é o que melhor define o caráter subjetivo da formação que está ocorrendo. O movimento desse percurso educativo plasma a *Bildung*, a qual, neste sentido, resulta da autoeducação do espírito.

Agora, o espírito subjetivo que, como vimos, é a razão existindo para si mesma, manifesta-se de duas formas simultâneas e complementares: é inteligência (*Intelligenz*) e vontade (*Wille*).

Enquanto "espiritual", essa nova face da dimensão subjetiva do espírito absoluto, além da inerente universalidade, também se estrutura enquanto relações necessárias. Neste sentido, há uma ligação necessária entre inteligência e vontade, significando que, nesse estágio do desenvolvimento do espírito, há uma reciprocidade entre a universalidade de seu caráter cognitivo com a possibilidade de determinação universal da ação, que assim deixa de ser movida, necessariamente, no sentido do gozo dos desejos. Esta determinação universal é o próprio exercício da vontade: o exercício prático da razão. Dessa maneira, as formas de manifestação do espírito subjetivo são: o espírito subjetivo teórico (a inteligência), que se refere às aptidões cognitivas do espírito, e o espírito subjetivo prático (a vontade), que se refere à possibilidade de determinação universal (racional) da ação, a determinação moral. Neste sentido, o filósofo adverte que: "a distinção entre inteligência e vontade tem, muitas vezes, o sentido errôneo de que as duas são tomadas como existências fixas, separadas uma da outra, de modo que o querer poderia ser sem inteligência, ou a atividade da inteligência, sem-vontade" (HEGEL, 1995[c], p. 220, 1970[c], p. 241).

Constituída, a razão se presta tanto ao uso teórico, a produção do conhecimento científico e do saber filosófico, quanto ao uso prático, a determinação da vontade.

A razão enquanto espírito teórico e espírito prático

A discussão da dupla natureza espiritual da razão em Hegel se refere diretamente ao problema da razão no uso teórico e no uso prático abordado no pensamento kantiano. Grosso modo, e mais uma vez entendendo que o filósofo processualiza a formulação dos conceitos de sua filosofia, Hegel sugere que é decorrente do processo de maturação do espírito – seu educar-se a si mesmo – que a razão se constitui, sendo ela o próprio espírito. O filósofo atesta que "o espírito teórico e o espírito prático se integram mutuamente. [...] Os dois modos do espírito são formas da razão; pois, mesmo por caminhos diferentes, tanto no espírito teórico quanto no prático se produz aquilo em que a razão consiste: uma unidade do subjetivo e do objetivo" (Hegel, 1995[c], 217, 1970[c], 237).

O espírito teórico, isto é, a razão em seu uso teórico, segundo Hegel (1995[c], p. 216-217, 1970[c], p. 236-237), consiste na atividade de conferir ao objeto não mais a forma de um dado isolado e contingente; porém, uma forma universal e necessária, incorporando-o ao conjunto do universo do conhecimento. Isto significa que aquele objeto que se relacionou com a consciência (a forma do espírito subjetivo apenas subsequente à alma) agora é transformado pelo espírito por intermédio de sua atividade teórica. Se, em relação à consciência, o objeto era tido como o existente imediato e exterior ao Eu da consciência, agora, ele é apreendido na forma da universalidade e apreendido no interior da razão. Isso significa que, quando o espírito ainda estava na forma da consciência, o objeto – cujo conjunto constituía o mundo que lhe cercava – era apreendido apenas na forma da experiência empírica imediata, como uma coisa singular, assim como a experiência imediata para com cada uma das frutas de um cesto é uma experiência singular referente a cada uma delas.

Neste momento, em relação ao "espírito" (a forma mais elevada do espírito subjetivo), o objeto é apreendido na forma de sua objetividade, isto é, os conteúdos universais e necessários que o determinam são apreendidos pela atividade da inteligência. Dessa forma, partindo da experiência imediata com o fruto, se chega às características que determinam o conhecer sobre ele. Este conhecer não se refere mais a um fruto singular específico, mas ao conhecimento objetivo que se tem de determinado fruto, às características necessárias que universalmente identificam, por exemplo, todas as maçãs enquanto "maçãs", conhecimento que configura o "conhecer o fruto" não mais como algo exterior ao sujeito cognoscente, mas como algo interno à subjetividade. Neste sentido, o filósofo salienta que "a inteligência se interioriza a si mesma enquanto transforma algo de objeto exterior em objeto interior" (Hegel, 1995[c], p. 223, 1970[c], p. 244). Distinto da consciência, cuja progressão advém da mudança de objeto (a consciência avança para a autoconsciência quando deixa de se deparar com o objeto da natureza e se depara com a outra consciência), o espírito muda o objeto, transforma-o, e "mediante o desenvolvimento deste, também se desenvolve em direção à verdade" (Hegel, 1995[c], p. 223; 1970[c], p. 244). Enquanto razão teórica, espírito e objeto transformam-se mutuamente.

O espírito prático é, em herança kantiana, razão prática, que é vontade. A vontade, por sua vez, no âmbito da filosofia hegeliana, é o espírito subjetivo na forma de sua objetividade. O espírito na forma teórica é a atividade da inteligência cujo produto é subjetivo, o conhecer. O espírito prático é a atividade da vontade cujo produto é objetivo, o dever. Segundo Hegel (1995[c], p. 217, 1970[c], p. 237), o espírito prático toma como ponto de partida "seus fins e interesses, portanto, determinações subjetivas e só dali avança até fazer delas algo objetivo".

Como vimos antes, o espírito teórico e o prático se associam mutuamente e produzem a unidade do subjetivo e do objetivo. Neste sentido, "sabendo-se como determinante do conteúdo, a inteligência é vontade" (Hegel, 1995[c], p. 262,

1970[c], p. 287). O uso prático da razão, ou seja, a atividade da vontade integra-se com a atividade da inteligência, que atua na transformação dos conteúdos subjetivos em determinações cada vez mais objetivas, ou seja, cada vez mais necessárias e universais. A vontade ascendendo moralmente, de forma progressiva, se distancia do desejo. Há, então, um processo de desenvolvimento dessa atividade de determinação da volição, um processo de desenvolvimento moral correspondente ao progresso intelectual permeado pelo próprio desenvolvimento do espírito absoluto.

Hegel, na obra *A Fenomenologia do Espírito*, especificamente no item "A realização da autoconsciência através de si mesma" (HEGEL, 1992[a], p. 221-243, 1970[a], p. 263-323), sugere o que poderia ser o processo de autoeducação moral do espírito, no qual os princípios que determinam o agir progridem dos desejos singulares até as normas morais universais. Este avanço corresponde ao próprio progresso moral no sentido da moralidade, entendida como a realidade ética instaurada em decorrência da universalização de princípios morais determinantes das ações dos homens. Nesse movimento, se desdobram sucessivas formas (Gestalt, forma, figura) morais, consecutivas configurações dos modos da moral. Tais formas são "o prazer e a necessidade", "a lei do coração e o delírio da presunção" e "a virtude e o sentido do mundo".

A primeira configuração do modo da moral é constituída por ações determinadas pelo prazer, é o já citado egoísmo, no qual "não penetrou o espírito da universalidade do saber e do agir" (HEGEL, 1992[a], p. 227, 1970[a], p. 270). Desprovida de universalidade, nessa forma moral não se constitui a moralidade subjetiva. Nesta figura, a consciência "lança-se à vida e leva à plena realização a individualidade pura na qual emerge a 'consciência-de-si'" (HEGEL, 1992[a], p. 228, 1970[a], p. 271).

Na segunda forma moral, a egoísta consciência é superada dialeticamente pela consciência-de-si, pois "o prazer desfrutado possui, de certo, o significado positivo de ter vindo-a-ser si mesmo como consciência-de-si objetiva" (HEGEL, 1992[a], p. 228, 1970[a], p. 272). A moralidade agora é subjetiva e está no plano da autoconsciência, não se regula mais pelo desejo (o mais singular dos princípios determinantes do agir), porém por princípios presunçosamente universais. Segundo o filósofo, "essa forma é para si – enquanto singularidade – essência, como a anterior, porém, referente à determinação, é mais rica, pois, por tal determinação, seu ser-para-si vale como necessário ou universal." (HEGEL, 1992[a], p. 231, 1970[a], p. 275). Os princípios que lhe regem são tidos como lei. Todavia, saliente o filósofo, que "a lei, devido a essa determinação de estar imediatamente no ser-para-si da consciência, chama-se lei do coração" (HEGEL, 1992[a], p. 231, 1970[a], p. 275). Essa forma moral não se efetivou enquanto objetividade.

A moralidade que ela expressa é meramente subjetiva. Consequentemente, há uma discrepância, tanto entre o que determina sua lei e a objetividade do mundo na qual a autoconsciência se insere quanto entre as autoconsciências legisladoras. De um lado, a presunçosa determinação da lei moral, de outro lado, uma humanidade "que não segue a lei do coração, porém, está submetida a uma necessidade estranha" (HEGEL, 1992[a], p. 231, 1970[a], p. 275) àquela inerente à lei presunçosamente proposta. Essa configuração do modo da moral avança na instauração da moralidade, pois sua determinação já vale para si como necessária e universal. Todavia, a necessidade e a universalidade dessa moralidade ainda não é efetivamente objetiva; a necessidade que rege a humanidade lhe é estranha.

A terceira forma moral – "a virtude e o sentido do mundo" - é que corresponde ao desenvolvimento moral no curso da moralidade; nesta figura, se instaura a vida ética decorrente da objetividade dos princípios morais. Na terceira forma moral, "a consciência-de-si captou o conceito de si, [...] – o conceito de ser, na certeza de si mesma, toda a realidade. Daqui em diante tem por fim e essência a interpenetração espontânea do universal [...] e da individualidade" (Hegel,1992[a], p. 244, 1970[a], p. 292). É a síntese entre natureza e liberdade, sensibilidade e razão, não apenas no plano ideal, mas, sobretudo, na vida concreta enquanto vida ética e moralidade objetiva que superou-dialeticamente a moralidade meramente subjetiva, que caracterizava a forma moral anterior.

O Reino da *Bildung*

O percurso no qual o espírito educa a si mesmo corresponde, na dimensão subjetiva do espírito, ao trajeto exposto ao longo deste capítulo. Inicialmente, decorrente da dialética do reconhecimento e do trabalho, a consciência constitui-se como consciência-de-si. Progredindo dialeticamente, a autoconsciência supera a dicotomia das particularidades e se constitui como espírito. Enquanto razão, o espírito é teórico e prático e, como espírito teórico, progrediu com o transformar do objeto que lhe está diante, conferindo-lhe uma forma objetiva – universal e necessária –, deixando de tê-lo como um dado ocasional. Como espírito prático, desenvolve a determinação do dever, abandonando a decisão pelo prazer e atingindo a determinação universal.

Todo esse andamento se dá no tempo, ou seja, ocorre ao longo de uma realidade histórica. Nesse longo percurso, há uma fase de singular importância no processo de autoeducação do espírito que é a etapa denominada por Hegel (1992[b], p. 9, 1970[a], p. 327) de "o Reino da Bildung" (*das Reich der Bildung*), cujo período é demarcado pela passagem da constituição da consciência em autoconsciência – que assinala o surgimento da *Bildung* referente à liberdade – até a conclusão do espírito enquanto razão teórica e prática. É o império da formação, que corresponde ao período no qual predomina a tarefa da autoeducação do espírito, no qual o espírito subjetivo ascende da consciência à razão.

A autoconsciência plenamente livre advém paralela ao esgotamento da escravidão, que institui a universalidade da figura da liberdade, que, no âmbito das relações de trabalho escravo, era tão-somente do lado do escravo. Em termos históricos, a substituição do regime de trabalho escravo pela servidão, que caracteriza o esgotamento da escravidão clássica, se inicia no século III d.C., que coincide com a expansão do cristianismo.[7] Assim, o período histórico referente ao Reino da *Bildung* tem início nesse momento de passagem da civilização clássica para a sociedade cristã.

A superação-dialética da consciência em autoconsciência se dá no contexto escravista. O trabalho que confere o primeiro passo da consciência à liberdade e constitui a primeira face da *Bildung* se dá no conjuntura da sociedade escravocrata grega. Neste sentido, já se citou que, apesar de já não representarem o despotismo dos orientais, a civilização clássica ainda não tinha constituído a "consciência-de-si" plenamente livre. Assim, Hegel salienta que os gregos,

> [...] bem como os romanos, sabiam somente que alguns eram livres, e não o homem como tal. [...] Destarte, os gregos não apenas tiveram escravos, como suas vidas e a existência de sua agradável liberdade estavam ligadas a isso (1999, p. 24, 1970[f], p. 31).

Deve-se salientar, no entanto, que este debate acerca da contextualização histórica que corresponde ao movimento do espírito subjetivo já está no âmbito do espírito objetivo. Haja vista que se encontra no campo da discussão sobre as objetivações sociais alienadas do espírito subjetivo.

Paralela à realidade histórica, a formação subjetiva do espírito vivencia suas formas morais. A primeira configuração dos modos da moral "o prazer e a necessidade" que, determinada pelo egoísmo, não se lhe adentrou o espírito

---

[7] Vale lembrar que a legalização do Cristianismo como religião se dá no século IV, com Constantino.

da universalidade corresponde à realidade histórica anterior ao esgotamento da escravidão clássica. Refere-se ao mundo grego e é nesse período que, do trabalho, decorre o primeiro estabelecimento da *Bildung*, coincidente com a primeira figura moral.

A *Bildung* resultante do desenvolvimento da segunda figura moral é a formação subjetiva do espírito que reina no período histórico que se inicia com o advento da religião cristã e vai até a época da Revolução Francesa: período do Reino da *Bildung*. Será, então, ao longo de todo esse período de tempo que o espírito subjetivo vivenciará o educar-se que, posteriormente, o projetará para a sua ulterior forma moral, aquela que possibilita a constituição da moralidade objetiva, manifesta pela terceira configuração dos modos da moral, "a virtude e o sentido do mundo". Em relação ao espírito subjetivo, o Reino da *Bildung* coincide com o movimento da segunda forma moral.

Anteriormente, afirmou-se que a segunda figura moral tem por lei normas que, por serem determinadas no âmbito do ser-para-si da consciência, discrepam da necessidade que ordena o mundo. Esta forma moral encontra-se dividida entre, de um lado, a presunção da "lei do coração" e, do outro lado, uma humanidade divergente dessa lei. A tensão inerente a essa forma moral é expressa por Hegel na *Fenomenologia do Espírito*, no subitem, "a lei do coração e o delírio da presunção", referente ao já citado item "A realização da autoconsciência através de si mesma". Nele, o autor esclarece:

> O pulsar do coração pelo bem da humanidade desanda assim na fúria de uma presunção desvairada; no furor da consciência para preservar-se de sua destruição. Isso, porque ela projeta fora de si a subversão que é ela mesma, e se esforça por considerá-la e exprimi-la como um outro. Então a consciência denuncia a ordem universal como uma perversão da lei do coração e da sua felicidade. Perversão inventada e exercida por sacerdotes fanáticos, por tiranos devassos com a ajuda de

seus ministros, que humilhando e oprimindo procuram ressarcir-se de sua própria humilhação (HEGEL, 1992[a], p. 235: 1970[a], p. 280).

O tempo no qual o espírito subjetivo enquanto autoconsciência experimenta sua segunda forma moral corresponde cronologicamente ao período em que, como já visto, se inicia com o mundo romano-cristão e vai até o governo jacobino – o período do "Terror" – na Revolução Francesa (KOJÈVE, 1985, p. 145-147). Contudo, vale repetir que a realidade histórica desse período cronológico já não é expressão do espírito subjetivo, cuja manifestação se dá no âmbito das figuras morais. A efetividade histórica que é o outro do espírito subjetivo é a manifestação do espírito objetivo.

A efetividade histórica desse referido período é conturbada e tensa, na qual o espírito objetivo encontra-se cindido: contraposto ao Reino da *Bildung*, há o Reino da Essência (*Reich des Wesens*) ou o "mundo da crença" (*Welt des Glaubens*) (HEGEL, 1992, p. 9, 1970[a], p. 327). O reino da essência não coabita com o terreno, é o mundo pensado pela fé. O reino da *Bildung* é terreno. Nele, o homem trabalha e cultiva-se; contraposto a isso, o reino da crença é a projeção da perfeição universal, é um além pensado para o qual o homem transfere sua plenitude.

Essa dicotomia entre um "reino terreno" e um "reino celeste" é posta como a tônica que perpassa a história da formação da cultura eurocêntrica. Neste sentido, Hyppolite afirma que essa cisão "é característica do mundo moderno. O homem vive em um mundo e pensa noutro" (HYPPOLITE, 1974, p. 379). O processo histórico de formação da cultura ocidental moderna – eurocêntrica – tem seu marco inicial na substituição do municipalismo e paganismo greco-romano clássico pela institucionalização da universalidade formal do Direito propiciada pelo ordenamento jurídico do Império Romano (que não era o mesmo do período republicano) e pela religiosidade transnacional do cristianismo (HYPPOLITE, 1974, p. 332-333).

Sob a ótica hegeliana, esse período é a longa trilha percorrida pelo espírito na construção da subjetividade autônoma, que é a grande característica do sujeito moderno. A tensa dicotomia entre dois reinos pode ser encontrada desde Agostinho – que na "Cidade de Deus" apresenta o homem cindido entre a edificação do Reino de Deus ou o gozo do Amor Próprio – até o Iluminismo (HYPPOLITE, 1974, p. 407), pois, ainda que renuncie à fé no "celeste", o Iluminismo também preserva a dicotomia, posto que desloca para um "além em devir" a objetividade da determinação do agir pela razão. A filosofia prática de Kant é a expressão mais avançada – portanto, a última – da cisão entre o terreno e o racional. Apesar de reconhecer o importante papel da filosofia kantiana em ter elaborado o princípio da autonomia da vontade,[8] manifestando a maturidade do espírito em ter avançado além da determinação pelo desejo, Hegel, contudo, acusa seu formalismo, cuja fonte está na separação estabelecida entre sensibilidade e moralidade, que faz com que a moralidade permaneça sempre um dever-ser, um além em devir (STANGUENNEC, 1985, p. 188).

A terceira forma moral – "a virtude e o sentido do mundo" – supera o formalismo moral, possibilitando a instauração da vida ética e a objetividade das normas morais. Nesta forma moral, o espírito apreendeu, na certeza de si mesmo, toda a efetividade. A alienação dessa figura do espírito subjetivo, manifesta enquanto espírito objetivo, se dá no período histórico posterior ao do Reino da *Bildung*. Isto é, a realidade histórica da terceira figura da moral é, consequentemente, posterior cronologicamente ao tempo no qual se desenvolveu

---

[8] Na *Filosofia do Direito* (HEGEL, 2010, 1970[d], § 135), temos o filósofo reconhecendo o mérito kantiano de ter sido o primeiro a fundamentar o princípio da autodeterminação da vontade. Todavia, nessa mesma passagem, também aponta os pontos problemáticos da filosofia kantiana, acusando-a de permanecer numa mera visão-de-mundo moral, abstraída de conteúdo material, que pôs a perder aquele mérito num formalismo vazio e numa retórica acerca do dever pelo dever.

a segunda forma moral. A época correspondente a essa terceira figura é a da consolidação do governo napoleônico, o período pós-revolucionário na França, tempo também de Kant e dos Românticos (Kojève, 1985). Essa figura moral corresponde ao estágio mais avançado do espírito subjetivo, aquele que é o ápice da apreensão do conceito.

O trabalho da *Bildung*

O reinado da *Bildung*, mesmo tensamente exercido junto com o da fé, representa um imprescindível momento na vida do espírito. O educar-se ao qual o espírito nele empreende é o educar-se que possibilitará seu ulterior salto para a plena autonomia, na perspectiva subjetiva, e para a liberdade efetiva, na perspectiva objetiva.

Neste sentido, Hegel se refere ao trabalho da *Bildung*, que é a tônica principal do período. Ao longo do seu reinado, a *Bildung* constitui a autonomia e a liberdade como seus fundamentos e, a partir da religião cristã, marco inicial do reinado, desenvolve-se a consciência segundo a qual a liberdade constitui a natureza mais intrínseca do espírito. Nesse reinado, a *Bildung* trabalha para, de um lado, levar às consciências o conceito da liberdade e, por outro, para que seja abandonada objetivamente a escravidão, assim como para incutir nas consciências o princípio de que o homem é livre enquanto homem. Porém, o filósofo alerta:

> [...] foi outra tarefa a de incutir esse princípio na essência mundana, tarefa que exige penoso e longo trabalho da Bildung para ser executada. A escravidão, por exemplo, não acabou de chofre com a aceitação da religião cristã. Muito menos a liberdade reinou logo a seguir, e tampouco os governos e as constituições foram organizados de maneira racional ou sequer baseados nos princípios da liberdade (Hegel, 1999, p. 24, 1970[f], p. 31).

O trabalho da Bildung também corresponde à universalização da identidade cultural do espírito subjetivo em um dado momento. Tal trabalho é a tarefa de naturalizar os princípios morais paradigmáticos de uma dada época. Assim, a *Erziehung* só pode exercer sua função de levar tais princípios ao nível dos costumes, porque eles se encontram generalizados e consolidados na cultura enquanto aqueles paradigmas que justificam e legitimam uma tal *Erziehung*, um tal processo pedagógico. A tarefa de generalizar tais paradigmas morais é também trabalho da Bildung. Destarte, Hegel comenta que "a Bildung apreciada a partir do indivíduo consiste em adquirir o que lhe é apresentado, realizando em si mesmo sua natureza *não natural* (*unorganische*) e apropriando-se dela" (HEGEL, 1992[a], p. 36, 1970[a], p. 33).

Veremos mais adiante o pensador defender que os povos germânicos cumprirão o ulterior papel de realizadores do progresso do espírito, e que é em meio à realidade das nações germânicas que a modernidade do espírito se manifestará. Entretanto, sem a experiência vivenciada no reinado da *Bildung*, o espírito não atingiria tamanha maturidade.

Ao longo de seu desenvolvimento, o espírito experimentou, até agora, duas faces da *Bildung*. A primeira, aquela produzida pelo trabalho e o reconhecimento; a segunda, a resultante da segunda figura moral, cuja alienação se dá enquanto a realidade da tensão entre Reino da *Bildung* e Reino da Essência.

A terceira face da *Bildung* resulta da conciliação do que na segunda se encontra cindido: sensibilidade e razão, conceito e efetividade. Todavia, essa terceira face já não se dá como tarefa exclusiva do espírito subjetivo, por isso, será tema para um tópico posterior. Porém, antes disso, importa tratar da relação entre educação e espírito objetivo em Hegel, assunto que será discutido no capítulo seguinte.

| CAPÍTULO III

A EDUCAÇÃO NO ESPÍRITO:
A *ERZIEHUNG* E O ESPÍRITO OBJETIVO

As sucessivas figuras engendradas pelo progresso do espírito subjetivo[9] são produções inerentes ao desenvolvimento absoluto, ou seja, todas as figuras da consciência foram abstrações do espírito absoluto. Em sua dimensão integral, "o espírito é a essência real absoluta que a si mesma se sustém" (HEGEL, 1992, p. 8, 1970[a], p. 325). Todavia, não esqueçamos que, em sua dimensão total, o espírito, além de conceito, é também efetividade concernente ao espírito objetivo. Assim, igualmente cadenciado pelo desenvolvimento do espírito absoluto, o espírito objetivo tem suas respectivas figuras: "são figuras, porém, que diferem das anteriores por serem os espíritos reais, efetividades propriamente ditas; e [serem] em vez de figuras apenas da consciência, figuras do mundo" (HEGEL, 1992, p. 9, 1970[a], p. 326).

Hegel, na *Fenomenologia do Espírito*, afirma que as figuras do espírito objetivo são: "o mundo ético", a sociedade grega; "o mundo cindido", o longo período entre o surgimento do Cristianismo até a Revolução Francesa; "o espírito certo de si mesmo", o tempo presente em relação a Hegel. O filósofo resume da seguinte forma o movimento dessas figuras:

> O espírito deve avançar até a consciência do que ele é imediatamente; deve superar-dialeticamente a bela vida

---

[9] Na *Fenomenologia do Espírito* o filósofo aponta as seguintes figuras: consciência, consciência-de-si e razão (HEGEL, 1992[b], p. 9, 1970[a], p. 326).

ética, e atingir, através de uma serie de figuras, o saber de si mesmo. O mundo ético vivo é o espirito em sua verdade; assim que o espírito chega ao saber abstrato de sua essência, a eticidade decai na universalidade formal do direito. O espírito, doravante cindido em si mesmo, inscreve em seu elemento objetivo, como em uma efetividade rígida, um dos seus mundos – o reino da *Bildung* – e, em contraste com ele, no elemento do pensamento, o mundo da crença – o reino da essência. [...] O reino cindido e distendido entre o aquém e o além retorna à consciência-de-si, [...]. Já não coloca fora de si seu mundo e o fundamento dele, mas faz que dentro de si tudo se extinga; e, como boa-consciência, é o espirito certo de si mesmo" (Hegel, 1992[b], p. 9, 1970[a], p. 327).

Em cada figura há uma forma de efetividade da liberdade. O mundo efetivo, respectivamente, correspondente a essas figuras do espírito, compõe-se por uma rede de relações e instituições, entre as quais a religião, o sistema legal, o Direito, os costumes, a família e tantas outras que estruturam as relações necessárias em uma determinada forma de sociedade.

Por conseguinte, o outro aspecto da noção de educação em Hegel a ser discutido está relacionado com a objetividade do espírito. Trata-se da educação enquanto o conjunto dos processos referentes ao ensino e aos procedimentos que habilitam o indivíduo para a vida em sociedade e como a realidade das instituições escolares e dos procedimentos pedagógicos que se somam à espiritual tarefa de efetivar a liberdade. Neste contexto, o objeto maior deste capítulo é, então, a noção de educação em relação à realidade objetiva do espírito: a educação enquanto *Erziehung*.

A *Erziehung* no contexto da *Bildung*

A *Bildung*, assim como a *Erziehung*, são algumas das expressões do desenvolvimento do espírito. Porém, como vimos no capítulo anterior, as sequentes conformações da *Bildung* – o modo subjetivo que caracteriza uma cultura – resultam do desenvolver-se subjetivo do espírito. Assim, é em relação a um dado modo moral de formação e cultura que o processo educacional-pedagógico acontece. Hegel sugere que o processo de educação para a vida em uma sociedade está intimamente ligado a sua identidade cultural e ética. Isto é, a *Erziehung* deve objetivar o conjunto de ideais que constituem a *Bildung* em uma dada sociedade ou grupo social. Lembrando que, enquanto objetivação, não é uma expressão ideal das representações emanadas da cultura, pois, enquanto efetivo, é um processo que se dá em meio à realidade concreta, cuja determinação é múltipla e contraditória. A relação entre *Bildung* e *Erziehung* é, então, a relação entre o conjunto abstrato de noções que compõem uma identidade cultural – uma formação ética – e os procedimentos educacionais que devem – mas nem sempre conseguem – aproximar o sujeito a esse ideal cultural. A *Erziehung* é determinada pela vida no espírito, por conseguinte, não tem o poder de transformar a vida correspondente a um dado momento do espírito. Ela apenas efetiva a essência do espírito em um determinado momento finito. Todavia, é necessária para o desenvolvimento do indivíduo nesse determinado momento finito, para seu adequar-se à sociedade corrente (MULLGES, 1968, p. 71-72).

A realidade da vida em uma sociedade se move em meio a um substrato concreto de determinações, entendidas como contraditórias e divergentes entre si nessa concretude. Neste sentido, a realização do conjunto de valores e princípios que constituem a *Bildung* não é necessariamente realizado pelos processos reais de educação e instrução. Esta "dialética" entre o ideal e o real no plano da educação e da cultura é expressão da própria dialética motora do espírito.

O pensamento hegeliano sugere-nos, então, que a reflexão sobre a realidade dos processos pedagógicos de uma sociedade está necessariamente relacionada com a identidade cultural desta mesma sociedade. Significando que as modificações nos processos de ensino-aprendizagem ou nas políticas educacionais não têm o poder de transformar a identidade ética e a cultura moral de uma sociedade. Segundo a sugestão hegeliana, podemos inferir que a recíproca também é válida: serão inócuas quaisquer tentativas de melhorar a natureza ética dos processos didáticos e pedagógicos se o padrão ético da sociedade não corresponder à realidade.

A *Erziehung* no desenvolvimento do espírito objetivo: a educação na História

O espírito objetivo é o mundo em sua realidade, na efetividade da liberdade necessariamente presente. Seu movimento é o próprio progresso nessa efetividade. A forma da necessidade conferida à liberdade efetiva se constitui através da tessitura da própria realidade objetiva. Vale salientar que as instituições e costumes que objetivam o espírito, ao transformarem-se ao longo da História, acompanham o desenvolvimento do espírito. Nesta perspectiva, Hegel (1999, p. 55, 1970[f], p. 77) afirma que "a história universal representa, pois, a marcha gradual da evolução do princípio cujo conteúdo é a consciência da liberdade". Assim, as instituições e os costumes, ao se transformarem ao longo da História, expressam o progresso da liberdade, incluindo aquelas e aqueles relacionados à educação.

Não obstante, é importante salientar que as figuras do espírito objetivo propostas na *Fenomenologia do Espírito* não contemplam o mundo histórico anterior ao "mundo ético", correspondente ao mundo grego. Isso não significa que o filósofo desconsiderou a História de povos como os chineses, persas e outros do Oriente Antigo em sua reflexão. Todavia, do que se depreende da reflexão hegeliana, o espírito nesse momento, ainda não "sabia" da liberdade, portanto, tal período não é contemplado por uma figura do espírito, pois nele não havia ainda a efetividade da liberdade.

Contudo, enquanto absoluto, o espírito humano efetivava a realidade que lhe era pertinente, pois aqueles povos expressavam, em sua subjetividade e objetividade, o estágio no qual se encontravam na escala ascendente da consciência da liberdade. Para Hegel (1999, p. 93, 1970[f], p. 134) o percurso da História universal, é "o grande trabalho diário do espírito", "é a disciplina da selvageria da vontade natural até a vontade universal e a liberdade subjetiva". Dessa forma, os povos da Antiguidade Oriental se inserem na História por serem o momento inicial da condição humana, no qual ainda não se vivenciava a liberdade.

A educação na Antiguidade Oriental

As civilizações orientais, para o filósofo, estavam na "infância da história" (HEGEL, 1999, p. 94, 1970[f], p. 135), sabiam que "apenas um é livre" (HEGEL, 1999, p. 93, 1970[f], p. 134), sendo esse único "livre", um déspota. Neste sentido, em relação à vontade e à subjetividade da liberdade, ainda estavam nos estágios iniciais de seu disciplinamento. Essa imaturidade se reflete também na natureza do processo educacional. Ao se referir à *Erziehung* entre esses povos, Hegel salienta o caráter extremamente elitista de seu processo educacional, abordando a instrução dos príncipes, os herdeiros desse único "livre", e futuros déspotas.

A educação dos príncipes imperiais chineses, segundo o filósofo (HEGEL, 1999, p. 110, 1970[f], p. 156), corresponde à rigidez da própria sociedade, que passa pela marcial robustez do corpo, mas contemplando, também, o acesso aos mais elevados conhecimentos científicos de sua cultura. A *Erziehung* dos vindouros déspotas é orientada pelo próprio imperador, que lhes incute sua absoluta primazia e soberania sobre todos os concidadãos, inclusive o princípio de que devem obedecê-lo com extrema fidelidade, sendo estes avaliados anualmente, prestando conta de suas atividades a todo o reino.

Na Pérsia (Hegel, 1999, p. 161, 1970[f], p. 235), o processo pedagógico destinado aos príncipes também era bastante rígido. A partir dos sete anos de idade, recebiam aulas de equitação, caça e manejo do arco e flecha, além de uma rigorosa instrução moral fundada no princípio de sempre falar a verdade.

Estando ainda em um estágio imaturo da consciência da liberdade, revertendo em uma organização social carente de autonomia, o processo de instrução dos povos da antiguidade oriental não poderia cumprir outro papel senão o de reproduzir seu despotismo característico. Era uma situação distinta daquela vivenciada pela civilização grega.

A educação no mundo grego

Seguindo uma linha cronológica, o mundo grego corresponde à primeira figura do espírito objetivo: o mundo ético. Fazendo um paralelo com a discussão do segundo capítulo, estamos em relação direta com a figura "razão", concernente ao espírito subjetivo. Razão que é espírito. Nesse momento do desenvolvimento da subjetividade, também se tratou de três figuras morais. Tais figuras são configurações dos modos da moral.

A primeira – "o prazer e a necessidade" – é fundada pelo egoísmo, no qual ainda não penetrou a universalidade, sendo em meio ao movimento dessa primeira figura que emerge a autoconsciência. O mundo efetivo no qual se desdobra esse modo moral é a escravocrata civilização clássica: os gregos desfrutavam dos bens produzidos pelo árduo trabalho escravo. Enquanto figura subjetiva, essa forma não manifestava ainda a moralidade como expressão subjetiva; nesse mundo, a lei moral é o costume pesando como uma lei da natureza, isto é, carente de autodeterminação, sem a qual não há moralidade subjetiva. A não-moralidade subjetiva redunda em uma moralidade puramente objetiva: a primeira manifestação da eticidade (*Sittlichkeit*).

Enquanto moralidade apenas objetiva, uma eticidade carente da autodeterminação subjetiva, a vida na *polis* grega tem o costume – *ethos* – acima da individualidade singular. Por conseguinte, o processo de instrução necessariamente deve formar o sujeito apto a aquiescer às normas de sua *Polis*. O homem singular encontra o ânimo e o sentido do seu agir em meio aos costumes de sua cidade; dessa forma, as motivações singulares devem ser restringidas a favor da *Polis*. Na cidade grega, o poder do Estado se voltava contra o ser-para-si individual (HEGEL, 1992[b], p. 12; 1970[a], p. 330).

Contudo, distinto do despotismo oriental, a vontade que aqui se torna norma legal e ética não é a de um sujeito singular, o imperador ou o déspota, mas a de um sujeito coletivo: a *Polis*. É o costume, *etho*s, da cidade que se torna norma legal pelo Estado. A lei desse Estado, fundada no *ethos*, então, expressa o universal que determina o agir individual. O *polites*, o cidadão membro do Estado, participa da realidade ética da *Polis* por intermédio de suas ações. Destarte, adaptar-se à norma do Estado é efetivar a própria vida ética desse Estado. A *Polis*, o Estado-nação, então, será tanto mais ético quanto mais ético também forem seus cidadãos. E a recíproca também é verdadeira: o *polites* educar-se-á tanto mais moralmente quanto mais ética for sua *Polis*. Dessa forma, a realidade pedagógica grega – a Paideia – seria um processo iminentemente político, portanto, a educação do sujeito singular está reciprocamente vinculada à realidade política de seu Estado. Neste sentido, Hegel (1970[g], p. 271) comenta a resposta de um pitagórico à pergunta de um pai "de como ele poderia dar a seu filho a melhor educação, ao que o pitagórico responde: quando ele se tornar cidadão de um Estado eficiente (*wohlregierten*)". Ou seja, só há uma boa educação se boa for a sociedade.

Hegel (1990[a], p. 11-12, 1970[g], p. 408-412) também salienta o importante papel dos sofistas no processo educacional do mundo grego. Inicialmente defende os sofistas da má reputação a eles atribuída, decorrente da oposição de

Platão, apontando que foram eles quem primeiro aplicaram o pensamento aos assuntos humanos, isto é, filosofaram acerca da vida na *Polis*, saindo da temática naturalista dos pré-socráticos. O filósofo afirma textualmente que: "Os sofistas são os professores da Grécia, através dos quais a generalizada *Bildung* veio à existência na terra grega" (Hegel, 1990[a], p. 11, 1970[g], p. 409). Ele assevera ainda que a *Bildung*, entendida como o conceito de liberdade aplicado na realidade, se constituía como a finalidade da instrução grega em geral.

Segundo Hegel, mais do que a religião – na qual não havia nada que instruísse –, a prática pedagógica sofista foi o veículo da *Bildung* grega, assumindo o lugar que antes fora dos poetas e trovadores. O filósofo salienta também que a prática da religião desempenhada pelos sacerdotes era outra coisa diferente do ensino, pois consistiam apenas em interpretar oráculos, fazer sacrifícios e profetizar. Em contrapartida, na sua prática "os sofistas incluem lições de sabedoria, de ciências em geral, música, matemática e etc." (Hegel, 1990[a], p. 12, 1970[g], p. 410). A prática pedagógica sofista cumpriu um importante papel na vida política da Grécia, pois consolidaram a *Bildung* cujo fundamento é: "a finalidade do Estado é o universal" (Hegel, 1990[a], p. 12, 1970[g], p. 410).

Ainda segundo Hegel, aspirando a essa *Bildung* e a sua difusão, os sofistas não se valeram de escolas e, em vez delas, recorreram a incansáveis peregrinações aproximando-se dos jovens e aculturando-os. Assim, o processo real de instrução desenvolvido na *Polis* grega, dos pitagóricos aos sofistas, que inclui a época de Sócrates, Platão e Aristóteles, busca objetivar o universo de ideais constitutivos da *Bildung*, tentando levar aos *polites* esse ideal cultural.

A educação no nascer do Império Romano e do Cristianismo

A segunda figura do espírito objetivo – o mundo cindido – tem início na época do Império Romano e do surgimento do Cristianismo. Ao abordar esta figura, estamos retomando por outro ângulo a discussão sobre o "Reino da *Bildung*" apresentada no capítulo precedente.

Inicialmente, decorrente da dialética do reconhecimento e do trabalho, a consciência constitui-se como consciência-de-si. Progredindo dialeticamente, a autoconsciência supera a dicotomia das particularidades e se constitui como espírito. Enquanto razão, o espírito é teórico e prático; quando espírito teórico, progrediu ao transformar o objeto que lhe está diante, conferindo-lhe uma forma objetiva – universal e necessária –, deixando de tê-lo como um dado ocasional. Como espírito prático, desenvolve a determinação do dever, abandonando a determinação pelo prazer e atingindo a determinação universal.

Em sua dimensão prática, o espírito vivencia sua segunda forma moral: "a lei do coração e o delírio da presunção". A moralidade adentra o âmbito da autoconsciência, que já lhe confere o fundamento da autodeterminação subjetiva; porém, por princípios universais cindidos em relação a uma necessidade objetiva, ou seja, princípios puramente formais. Os princípios que lhe determinam moralmente são apresentados como lei, entretanto, não se realizam como objetividade, por isso são "lei do coração", discrepantes em relação à objetividade do mundo.

Apesar de essa figura moral ser mais avançada em relação à moralidade anterior, já que sua determinação vale para si como uma autodeterminação necessária e universal, a necessidade de sua moralidade ainda não é efetiva no mundo. Por conseguinte, é um modo moral cindido entre as determinações da lei do coração e o mundo efetivo que as observa como delírios de presunção. Esse mundo real é a figura "mundo cindido", concernente ao espírito objetivo.

Então, é sob o ângulo do espírito objetivo que voltamos a abordar o período do Reino da *Bildung*, que, sendo a expressão no tempo de um momento cindido do espírito, é Reino da *Bildung*, e também reino da crença. Historicamente, inicia-se na época da constituição do regime imperial romano e do surgimento do Cristianismo.[10] É o momento da universalização tanto da religiosidade – a cristã – quanto do direito - o romano –, ambos negando o municipalismo do paganismo clássico. A eticidade do mundo grego, a moralidade objetiva desprovida de subjetividade, passa à universalidade formal do direito, a moralidade subjetiva desprovida de objetividade. Será esta cisão entre o formalismo universal e a objetividade necessária a tônica dessa figura do espírito, espírito cindido em si mesmo.

Segundo Hegel (1999, p. 272, 1970[f], p. 387-388), nos romanos, encontra-se o componente de interioridade que faltou no mundo grego. Contudo, o formalismo e a indeterminação dessa interioridade esvaziaram-na de sensibilidade e de livre-arbítrio. A universalização formal do direito nega o mundo ético da *Polis*: o surgimento da *persona*, o concidadão romano, contrapõe-se à existência do *polites*. Neste sentido, o filósofo registra que "já na Guerra dos Aliados, os habitantes de toda a Itália foram igualados aos cidadãos romanos e sob Caracalla[11] foram superadas as diferenças entre os súditos de todo o império romano" (HEGEL, 1999, p. 269; 1970[f], p. 383). Porém, se nesse movimento a consciência ganha subjetividade, perde efetividade, pois a *persona* é uma figura jurídica formal, em particular pelo fato de que,

---

[10] *Grosso modo*, Cristianismo e Império Romano nascem na mesma época. Em 27 aC., Otaviano recebe do Senado o título de "Augusto", depois de já tê-lo titulado como *"Imperator"* e *"Princeps senatus"*, sinalizando o fim da República. Entre os anos 5 e 7 da era cristã, Augusto ordena o recenseamento, do qual decorre a ida de José e Maria para Belém. No início do século II, Sálvio Juliano sistematiza o *Editos Perpétuo*, o código jurídico do império; mesma época na qual estão sendo escritos os evangelhos canônicos.

[11] Guerra dos Aliados: revolta social (91 – 88 a.C.) ocorrida ainda na República empreendida pelas demais regiões da Península Itálica, redundando na conquista da cidadania romana, antes prerrogativa apenas dos nascidos na cidade de Roma.

Caracalla: pseudônimo do "César" Marcus Aurelius Antoninus, impetra a *Constitutio Antoniniana* (212), concedendo cidadania a todo homem livre do império.

segundo o pensador, os indivíduos "permanecem submetidos ao rígido domínio do 'um'" (HEGEL, 1999, p. 272, 1970[f], p. 387). Paradoxalmente, este reconhecimento formal é um não-reconhecimento (*Nichtanerkennen*) da persona, haja vista que não lhe é garantida, no limite, o pleno exercício de sua pessoalidade.

Então, se o processo grego de instrução para a vida em sociedade era pautado para a adequação do indivíduo singular à lei do Estado, fundada no próprio *ethos* da *Polis*, em relação ao mundo imperial romano, essa preparação visa a adequar o singular aos desígnios desse "uno": a unidade imperador-império, isto é, educá-lo para a disciplina (*Zucht*) corrente no mundo.

Explorando etimologicamente o termo *Zucht*, o filósofo salienta sua relação com *"ziehen"*, mover em uma direção determinada, sugerindo que aqui o processo de educar (*erziehen*) deve "mover" o indivíduo a ajustar-se ao fim proposto: "disciplina (*Zucht*) origina de mover (*ziehen*) – algo de volta – e há uma unidade fixada ao fundo, para onde deve ser movido (*gezogen*) e para a qual deve ser educado (*erzogen*), de modo que seja o homem ajustado aos fins (HEGEL, 1999, p. 272, 1970[f], p. 388).

O Cristianismo também contribui para a consciência da universalidade e para a interioridade consciente de si da consciência. Segundo Hegel, "só as nações germânicas, no Cristianismo, tomaram consciência de que o homem é livre como homem, que a liberdade do espírito constitui sua natureza mais intrínseca. Essa consciência desenvolveu-se, inicialmente, na religião" (HEGEL, 1999, p. 24, 1970[f], p. 31). A própria noção de uma divindade suprema puramente espiritual por si só já eleva a crença para um patamar de pensamento mais universalizante.

Todavia, a negação radical da singularidade a favor da universalidade formal da crença em uma divindade una traz consigo a negação da sensibilidade, o lugar da singularidade. A noção de pecado é a radical negação do egocentrismo

COLEÇÃO "PENSADORES & EDUCAÇÃO"

prazeroso, pois via noção de pecado, se traz para os costumes a negação da deliberação pelo desejo sensível. Todavia, o abandono da determinação pela sensibilidade acarreta a cisão entre o moral e o sensivelmente efetivo.

O Pecado é uma condição do homem. Segundo Hegel, "a chamada doutrina do pecado original contém que nossos primeiros pais pecaram, transmitindo essa iniquidade como uma doença hereditária para a toda humanidade" (HEGEL, 1990[b], p. 81, 1970[h], p. 498).

O preço da interiorização da universalidade formal cobrado ao homem singular é, então, que ele seja mal por natureza (*Natur böse*). Entretanto, é através da educação cristã que o indivíduo superará essa sua iníqua natureza e se religará à unidade originariamente rompida: "a superação do mero caráter natural é conhecida por nós como mera educação, o que se faz de si; desse modo é efetuado o amansamento, é gerado o geral ajustamento ao bem" (HEGEL, 1990[b], p. 82, 1970[h], p. 499-500). A educação na perspectiva do Cristianismo, ao conduzir o indivíduo a negar sua natureza sensível, contribui para a interiorização de uma norma moral fundada não em algum objeto da sensibilidade, mas para um bem puramente universal, embora esvaziado de conteúdo sensível. Nesta perspectiva, o homem vivencia na religião cristã os primeiros passos no desenvolvimento da consciência de que ele é livre em essência: seu ser não é escravo nem dos desejos, nem do arbítrio de outro homem, pois, mesmo sob a condição de escravo, ele pode ter sua alma livre do mais terrível grilhão: o pecado. A mundanização dessa consciência é função da *Erziehung* na História. Assim, distinto da religiosidade grega, o Cristianismo desempenha historicamente um importante papel pedagógico.

A educação da Idade Média à Reforma Protestante

O "mundo cindido" engloba também o período do Cristianismo medieval, no qual Hegel (1990[b], p. 123, 1970[h],

p. 553-561) destaca o importante papel do movimento escolástico por ter fundamentado os dogmas e doutrinas da Igreja em bases metafísicas; particularmente, salienta a exposição metódica desses dogmas. A escolástica enquanto um movimento de caráter também pedagógico, ao incentivar no ambiente eclesiástico a prática da racionalização e da especulação acerca da doutrina, colabora com a educação da consciência singular no sentido de uma maior autonomia de pensamento. Na prática pedagógica escolástica, as doutrinas são apresentadas em confronto com os argumentos que lhes são opostos, constituindo-se a teologia em um sistema científico: "enquanto o anterior ensino eclesiástico para a formação geral do clero era limitado, pois a pessoa recitava repetindo as doutrinas e recopilava os pontos acerca de cada uma das teses de Agostinho e das outras sentenças dos Padres-da-Igreja" (HEGEL, 1990[b], p. 130, 1970[h], p. 562). O processo de ensino-aprendizagem é, então, inovado a serviço da função da educação nesse mais recente momento do espírito. Ainda se referindo ao efervescente ambiente escolástico, o filósofo comenta que (HEGEL, 1990[b], p. 129, 1970[h], p. 561) Abelardo[12] chegava a palestrar para multidões de cerca de mil ouvintes.

A religião cristã, sem dúvida, é um componente importante das objetivações do espírito, de tal forma que das inovações históricas decorrentes do movimento espiritual, a reforma protestante é um momento crucial, pois demarca, para o luterano Hegel, uma significativa transformação nessa religiosidade.

Na concepção do filósofo (HEGEL, 1999, p. 343-348, 1970[f], p. 492-499), a reforma decorre da decadência interna da Igreja Católica, que deixou de acompanhar o desenvolvimento do espírito. Os abusos de autoridade que deflagraram a crítica protestante foram, antes de tudo, a expressão do

---

[12] Pedro Abelardo (1079-1142). Filósofo escolástico defensor da ideia de que os conceitos universais são representações derivadas da "coisa real" (*Res*).

descompasso da instituição em relação ao novo momento espiritual. Por exemplo, o comércio das Indulgências, que contribuiu para a conclusão da catedral de São Pedro e do afresco "Juízo Final" de Michelangelo na capela Sistina, é a expressão desse desafino.

A cisão entre a iníqua sensibilidade e a pura interioridade moral torna a remissão do pecado algo exterior. Sob esta ótica, "a Igreja, que deve salvar as almas da decadência, faz essa salvação do si num recurso externo, e agora naufragando a mesma em um modo exterior de alcançar-se" (HEGEL, 1999, p. 344, 1970[f], p. 493). Assim, o perdão dos pecados, além de advir pela Igreja e de se dar através do acionamento de recurso externo, torna-se algo que pode "facilmente se comprar a dinheiro" (HEGEL, 1999, 344, p. 1970[f], p. 494).

Contudo, se antes, via a noção de pecado, se negava a natureza singular sensível contribuindo para a interiorização de uma determinação universal, cujo preço era a negação da sensibilidade, agora, quem cobra o preço é a sensibilidade, haja vista que, na Igreja Católica, "o sensível em geral não é amansado nem aculturado pela razão" (HEGEL, 1999, p. 344, 1970[f], p. 493).

Em contrapartida, a reforma protestante, especificamente a encabeçada por Martinho Lutero, reverte o quadro de retrocesso espiritual no qual se encontrava a religião cristã. Hegel (1999, p. 344, 1970[f], p. 494) defende que a base da doutrina de Lutero é que Cristo, a verdadeira espiritualidade, "de maneira alguma é presente e real de um modo exterior". É, portanto, em seu interior que o indivíduo singular se religa ao seu Criador e acessa o perdão dos pecados. Livrando a remissão da ingerência exterior, essa nova religiosidade estabelece uma nova relação entre o sacerdote e o fiel, inexistindo nela uma casta doutora nas verdades de fé. A verdade deve ser apreendida pela espiritualidade sensível (*empfindende*) dos homens, em que cada um, em si mesmo, alcance a religação. Isto é, "a verdade do

A EDUCAÇÃO NO ESPÍRITO: A *ERZIEHUNG* E O ESPÍRITO OBJETIVO

evangelho e da doutrina cristã existe apenas no verdadeiro comportamento segundo o mesmo" (Hegel, 1990[b], p. 197, 1970[i], p. 55).

Constitui-se, por conseguinte, nessa religiosidade, uma primeira síntese entre subjetividade o objetividade, pois sua doutrina – as diretrizes objetivas que a estruturam na medida de uma instituição histórica e real – é interiorizada pela subjetividade do homem singular. Esta síntese, portanto, opera uma primeira experiência da superação da dissensão entre subjetividade e objetividade, característica de todo o espírito cindido.

Essa nova objetividade traz consigo novas relações de poder e novos costumes.

De imediato, a maior autonomia do fiel acarreta na perda da autoridade institucional dos prelados, da qual decorre a reformulação administrativa dessa nova igreja cristã. Devido a tais reformulações, são abolidos costumes como jejuns, penitências e a guarda de dias santos, e é reformulado o ensino sacerdotal. Particularmente, essa maior autonomia impacta diretamente na necessidade por uma maior ampliação do acesso ao texto sagrado, a Bíblia, sob o qual se acredita estar fundada a verdadeira doutrina. Dessa forma, a tradução da Bíblia para o alemão, realizada por Lutero, expressa uma demanda do próprio espírito. Por sua vez, a propagação do Livro Sagrado como um livro popular (*Volksbuch*) junto com a difusão da autonomia dos fiéis no costume – que populariza a livre interpretação do texto sagrado – demandam a alfabetização dos mesmos. Neste sentido, Hegel (1999, p. 347, 1970[f], p. 498) salienta: "para que exista um livro popular, então é necessário acima de tudo que o povo possa ler, o que é caso raro nos países católicos". A sugestão do filósofo é que o grande movimento de alfabetização e de escolarização ocorrido nas regiões alemãs sob influência de Lutero é decorrente da própria necessidade do espírito em efetivar no mundo real os avanços espirituais na autonomia e liberdade subjetiva. Dessa forma, o movimento de escolarização liderado por Melanchton[13] satisfaz demanda decorrente do avanço do espírito.

O filósofo aponta que o descompasso das nações católicas em relação ao espírito se manifesta, sobretudo, no campo pedagógico e cultural. Mesmo tendo abdicado de algumas práticas mais abusivas, a Igreja não acompanhara o progresso espiritual da época, posicionando-se contrária ao modelo celeste de Copérnico e condenando Galileu à pública retratação; "ela se afastou da florescente ciência, da filosofia e da literatura humanista e teve a precoce oportunidade de expressar sua antipatia contra o científico" (HEGEL, 1999, p. 348, 1970[f], p. 499). Em suma, "a literatura grega não se tornou a base da cultura (*Bildung*) e a educação (*Erziehung*) foi entregue aos Jesuítas. Por conseguinte, isto reduz o espírito do mundo católico ao retrocesso" (HEGEL, 1999, p. 348, 1970[f], p. 499).

A partir da Reforma, Hegel (1999, p. 348, 1970[f], p. 499-500) aponta que o protagonismo histórico-espiritual está com as nações autenticamente germânicas,[14] estando de fora as latinas e as eslavas. O progresso objetivo registrado nas recentes inovações religiosas vivenciadas por esses povos se alastra para as demais instituições sociais, notadamente o Estado. Historicamente, a própria supressão dos bispados e dioceses fortalece uma nova organização estatal, ao esvaziar o poder político dos Bispos em concorrência com

---

[13] Felipe Melanchton (1497-1560), juntamente com Lutero, inicia a organização do ensino na Saxônia. Configura um conjunto de diretrizes acerca dos inspetores das escolas, do currículo e da metodologia de ensino. Funda em 1526 o Gymnasium de Nürnberg, o primeiro ginásio alemão de humanidades que, no início do século XIX, será dirigido por Hegel.

[14] O atual desenho do mapa político europeu dificulta a exata identificação do que Hegel denominava por tais nações. Além da Alemanha, que em sua época era um conjunto de Estados e principados, o filósofo identifica a Inglaterra e os países Escandinavos. Todavia, fazia parte da sua *Deutschland* regiões hoje pertencentes à Áustria, à Holanda, à Suíça e à França. As nações latinas, ou romanas (*romanischen*), são a Itália, Espanha, Portugal e o Oeste da França. As nações Eslavas são o Leste Europeu e a Rússia.

os da nobreza e da aristocracia. Some-se a isso a luta da Igreja Protestante por sua existência política, que se deu não apenas no plano parlamentar, mas, principalmente, em campos de batalha. Neste sentido, o pensador defende que a Reforma também foi um dos fatores que contribuíram para a consolidação do Estado moderno (Hegel, 1999, p. 353-362, 1970[f], p. 508-522). Contudo, o filósofo registra que o grande marco da consolidação moderna do Estado é a Revolução Francesa, contemporânea de uma nova realidade cultural que rivaliza com a religião: o Iluminismo.

Hegel e a história do seu tempo presente

Abordando a época histórica do Iluminismo, em cujo contexto se insere a Revolução Industrial na Inglaterra (1760), a independência dos Estudos Unidos da América (1776) e a Revolução Francesa (1789), estamos adentrando o período da História que, em relação ao filho de Maria Magdalena Louisa Hegel, era a História do seu tempo presente.

O Iluminismo ainda expressa a cisão que caracteriza o momento do espírito objetivo chamado "mundo cindido", pois, mesmo que rivalize com a fé, ainda lança ao devir a síntese entre objetividade e subjetividade. Contudo, é a última expressão desse mundo cindido (Hyppolite, 1974, p. 407).

A filosofia kantiana expressa o ponto de inflexão que delimita a passagem para o novo momento do espírito que se anuncia: a autodeterminação da vontade que atribui uma lei a si mesma. Porém, a filosofia moral kantiana, sendo ainda formal, será superada dialeticamente em uma forma moral mais aprimorada: "a virtude e o sentido do mundo".

Em termos objetivos, o modo do Estado correspondente ao formalismo Iluminista também não é satisfatório. Historicamente, esta formulação política se efetiva com a fase mais radical da Revolução Francesa, o governo Jacobino. Chefiado por Robespierre, era "a individualidade da vontade universal" (Hegel, 1992[b], p. 97, 1970[a], p. 437). Ele deseja e age segundo sua compreensão: "assim fazendo exclui por um lado os demais indivíduos de seu ato, e por outro lado se constitui como um governo que é uma vontade determinada, e por isso, oposta à vontade universal; não pode, pois, apresentar-se de outro modo senão como uma facção" (HEGEL, 1992[b], p. 97, 1970[a], p. 437). Segundo o filósofo, a fratricida contenda interna dos jacobinos e o regime de "terror" por eles imposto (execução do monarca, nobres e acusados de traição) é apontado como o motivo de sua ruína e "no fato mesmo de ser facção, reside a necessidade de sua queda" (HEGEL, 1992[b], p. 97, 1970[a], p. 437).

O fim do governo jacobino marca uma nova fase da Revolução Francesa, que resultará na ascensão de Napoleão Bonaparte, cujo expansionismo militar por várias regiões da Europa derrubará antigas formas de governo, forçando a instauração de novos arranjos políticos, e disseminará também o espírito de renovação social que varrerá o velho mundo. Este momento da História, então, é para Hegel a mais avançada fase do espírito humano: o espírito certo de si mesmo. Ao refletir sobre ela, nosso filósofo já não está refletindo sobre seu passado; porém, está especulando acerca de sua realidade presente.

Assim, passamos para o capítulo subsequente, no qual trataremos da reflexão de Hegel acerca da educação de seu tempo presente: a educação no contexto do espírito certo de si mesmo, aquele que ultrapassou a cisão inerente ao momento anterior e que realiza a síntese entre subjetividade e objetividade.

Capítulo IV

Educação e eticidade (*Sittlichkeit*): a *Bildung* e a *Erziehung* na sociedade moderna

A experiência da vida no mundo ao longo do tempo infinito é a vivência do espírito absoluto, o que é sugerido pela filosofia hegeliana. Contudo, este espírito tem duas dimensões finitas, no sentido de manifestarem momentos distintos ao longo de seu desenvolvimento. Dessa forma, o espírito absoluto é também espírito subjetivo e espírito objetivo.

Enquanto espírito subjetivo, estamos adentrando aqui na sua terceira forma moral: "a virtude e o sentido do mundo". Nesta forma, a autoconsciência se apreendeu enquanto realidade, sendo sua finalidade a síntese natural entre o universal e a individualidade, entre razão e sensibilidade, síntese que instaura uma moralidade objetiva, uma vida ética fundada em princípios morais objetivos.

Enquanto espírito objetivo, entramos na figura do "espírito certo de si mesmo".

As duas primeiras formas do espírito objetivo ainda não correspondiam a uma figura da consciência que sintetizasse dever e efetividade: na primeira forma do espírito objetivo (o mundo ético), não se tinha a noção subjetiva de dever, pois a lei moral determinava enquanto um costume; na segunda figura (o mundo cindido), a efetividade encontrava-se estranha à sua essência. Somente agora, no "espírito certo de si mesmo", é que a consciência pode conciliar razão e sensibilidade, isto é, dever e efetividade. Em suma, temos a conciliação entre a dimensão subjetiva e a objetiva do

espírito, pois a efetividade da vida real expressa sensivelmente as determinações universais da razão. Nesta figura,
o espírito, autoconsciente, é:

> O espírito moral concreto, que na consciência do dever
> puro não adota para si um padrão-de-medida vazio,
> que fosse oposto à consciência efetiva. Ao contrário:
> o dever puro, tanto como a natureza a ele oposta, são
> momentos superados-dialeticamente. O espírito moral
> é, em unidade imediata, essência moral que-se-efetiva;
> e a ação é modo moral imediatamente concreto (HEGEL,
> 1992[b], 120, 1970[a] 466).

Demarcando uma referência histórica para o começo
desta terceira figura do espírito objetivo, temos o desfecho
revolucionário e a ascensão política de Napoleão (KOJÈVE,
1985, p. 145-147). A Revolução debilitou o Antigo Regime,
contudo, é na fase pós-revolucionária, o governo napoleônico (1799-1815), que se dá a difusão das formas liberais
de governo. A liberdade vivenciada nesse novo momento
histórico não se achava na sociedade medieval e nem no
Antigo Regime.

O espírito, então, progrediu na História, avançou na
consciência da liberdade. O Estado grego – mesmo sendo
um progresso em comparação ao despotismo da Antiguidade Oriental – negava ao sujeito sua autonomia quando
o determinava segundo a pura objetividade dos costumes;
por sua vez, as formas do Estado, ao longo do mundo cindido – apesar de progredirem na autonomia formal –, não
objetivavam a liberdade. A superação-dialética dessas figuras
do Estado se dará com o novo mundo ético que surge.

A Eticidade

A filosofia hegeliana, em linhas gerais, defende e baseia-
se no progresso teleológico da humanidade cujo sentido é
o avanço na consciência em relação à liberdade. Sob esta

ótica, o movimento positivo da História humana é balizado pelo incremento de universalidade nas normas práticas estabelecidas nas realidades sociais ao longo do tempo e, consequentemente, pela introjeção dessas normas no cotidiano, o que lhes confere uma natureza necessária. O progresso desses conteúdos é o próprio progresso na consciência da liberdade, segundo o qual as normas tornar-se-ão expressão da racional vontade universal. Neste sentido, a realidade do novo mundo ético é a própria objetivação da liberdade. Esta liberdade objetiva em Hegel é identificada como eticidade.

A autodeterminação é a característica do indivíduo moderno, pela qual age segundo a deliberação de seu próprio pensar. Todavia, o "individualismo", peculiar a esta autodeterminação, pode ser a derrocada de sua autonomia, pois, sem o teor objetivo, a autodeterminação pode se transformar em um presunçoso individualismo. O espírito, então, necessita de um fundamento objetivo. A racional realização da liberdade não pode ter por alicerce a possibilidade de consumação das afeições singulares. A fundamentação racional da liberdade efetiva já tem que ser em si objetiva, ou seja, necessária e universal. Esse fundamento objetivo é a eticidade, a moralidade objetiva. Consequentemente, a autonomia subjetiva individual é devedora da liberdade característica ao momento do espírito. Neste sentido, erigida na objetividade do espírito certo de si mesmo, a eticidade suporta a real pluralidade das autodeterminações singulares. É também "o conceito da liberdade que se tornou mundo presente e natureza da autoconsciência" (Hegel, 2010, p. 167, 1970[d], p. 292). Quando moralidade objetiva, a eticidade é a vida ética na realidade sociopolítica moderna. A carência inerente à universalidade abstrata da figura anterior do espírito – o mundo cindido – é agora superada dialeticamente por esta moderna figura do espírito. Em suma, é a realidade sociopolítica moderna.

O primeiro aparecimento da eticidade, vivenciado na figura "mundo ético", que corresponde ao mundo grego, não possibilitava ao indivíduo sua autonomia. Era uma eticidade exclusivamente objetiva, e esta pura objetividade é negada pelo mundo cindido. No entanto, a autonomia por ele instituída é formal. A moderna eticidade, portanto, supera dialeticamente a primeira figura, pois nega sua objetividade esvaziada de autonomia e, superando dialeticamente a segunda, eleva-se da autonomia formal à objetividade da moralidade. Nesta moderna eticidade, a vivência do cidadão retoma a efetividade ética do mundo grego, enriquecida de autonomia subjetiva. O cidadão moderno também participa da lei assim que se deixa determinar pela razão, sendo a lei expressão da vontade universal. Na liberdade vivenciada em meio às instituições na eticidade moderna, o indivíduo pratica uma autonomia que não se encontraria em nenhum outro modo de sociedade. Enfim, a eticidade moderna concilia efetividade e razão, necessidade e liberdade e, segundo o pensador, é composta de três momentos integrados, família, sociedade civil e Estado, que são tratados na obra *Linhas fundamentais da filosofia do direito* (HEGEL, 2010, 1970[d]).

A Família

O momento da família é aquele no qual o cidadão, em meio à concretude de suas inclinações e paixões, desempenha o livre arbítrio. Segundo Hegel (2010, 1970[d] §160), ela se manifesta em três feições: o casamento, a propriedade familiar, a educação (*Erziehung*) dos filhos.

O casamento, em sua dimensão subjetiva, expressa as inclinações passionais do casal ou dos seus pais; na objetiva, expressa o livre arbítrio dos indivíduos em abdicar da personalidade singular e optar por constituir um casal. O casamento tem uma finalidade ética – a despeito da paixão temporal –, que consiste na consciência da responsabilidade perante a unidade do casal. O conjunto das responsabilidades relaciona-se com os meios necessários para a satisfação das carências vitais e sociais dos cônjuges, sendo tais meios seu patrimônio e sua propriedade. A dimensão ética do casamento faz com que a constituição desse patrimônio seja pautada pela responsabilização mútua para com a unidade do casal ultrapassando o arbítrio dos desejos meramente singulares de ambos os cônjuges. É em relação ao registro do patrimônio que a família – constituída pelo casamento – se identifica como uma pessoa jurídica. Todavia, a unidade do casamento torna-se plena com os filhos, haja vista que, por eles, as duas individualidades tornam-se um uno. Em relação à família e a seu patrimônio, Hegel (2010, p. 182, 1970[d], p. 326) defende que "os filhos têm o direito de ser mantidos e educados via o patrimônio familiar comum". A finalidade da educação ministrada pela família é levar às crianças a moralidade quando sentimento imediato. O processo dessa educação será abordado mais adiante.

A Sociedade Civil

As famílias se comportam como pessoas jurídicas autônomas. A expansão dessas pessoas jurídicas é um povo, e a unidade desse povo é sua sociedade civil (*bürgerliche Gesellschaft*), cujos âmbitos são (HEGEL, 2010, p. 193, 1970[d], p. 346): o sistema dos carecimentos, a administração do direito, a administração pública e a corporação.

O sistema dos carecimentos é a rede de relações estruturada entre as necessidades materiais e os meios de sua satisfação. A ciência que estuda essas relações é a "economia de Estado"[15] (*Staatsökonomie*). Os carecimentos dos animais são determinados pela natureza; por sua vez, o homem, socialmente, multiplica e amplia seu leque de necessidades e os modos e os meios de satisfazê-las. O trabalho é a mediação

---

[15] Optamos pela expressão "economia de Estado" para demarcar a distinção em relação à expressão "economia política" (*Politische Ökonomie*), usada por Marx na obra Crítica da Economia Política (*Kritik der politischen Ökonomie*), que é de sentido conceitual distinto da expressão *Staatsökonomie* usada por Hegel.

entre os carecimentos e suas satisfações. A especificação dos meios apropriados para a satisfação de uma determinada necessidade acarreta a divisão dos trabalhos, tornando cada vez mais especializado o trabalho singular. Contudo, a especialização do trabalho singular torna o homem dependente do trabalho de outros a fim da satisfação integral de seus carecimentos, vinculando-os reciprocamente, constituindo, dessa forma, um verdadeiro sistema de carecimentos, que pressupõe a cadeia dos meios de suas respectivas consumações.

As relações de trabalho, os contratos comerciais que regulam a consumação das satisfações, o patrimônio familiar, em suma, os direitos em geral dos cidadãos são resguardados pela administração do direito. Em seu ser-aí objetivo, o direito é a lei, o código legal público, que deve ser dado ao conhecimento de todo cidadão, e o agente que deve garantir que o conhecimento da lei e sua aplicação não estejam submetidos aos desejos e opiniões particulares é o tribunal, pois esta instituição estabelece a mediação entre a lei e o direito efetivo do cidadão. Para tanto, todos devem reconhecer nele, não apenas a efetividade de seus direitos, mas, principalmente, a autoridade que zela pelo cumprimento, por todos, dos deveres concernentes ao direito, donde se conclui que, "o membro da sociedade civil tem o direito para estar no tribunal, assim como o dever de, para o tribunal, se apresentar" (HEGEL, 2010, p. 213, 1970[d], p. 375).

Entre os direitos gerais do cidadão está o direito ao bem-estar geral, possibilitado pelos serviços públicos, tais como educação, saúde, segurança pública e outros. A administração pública tem por objeto e finalidade o gerenciamento desses serviços. Contudo, ao direito ao bem-estar propiciado pela administração pública correspondem os deveres fiscais para com a manutenção dela mesma e dos serviços.

Junto ao gerenciamento do interesse do bem-estar singular há ainda a administração dos interesses das partes coletivas constituídas pela diversidade de ofícios decorrentes da divisão do trabalho como, por exemplo, o sapateiro

(*Schuhmacher*) ou o tecelão (*Weber*). As corporações ou cooperativas se comportam como outro tipo de pessoa jurídica, pois elas têm o direito legal de zelar por seu regime interno, de acatar ou banir um membro e de observar a formação profissional de seus membros. Dessa maneira, constitui-se como uma pessoa portadora de vontade particular, que pode divergir dos desejos de alguma das pessoas singulares que integram seu corpo ou, o que é mais recorrente, ou que pode disputar seus interesses com outros sujeitos particulares, outras corporações.

O Estado

O cidadão, enquanto pessoa singular, a família e a corporação enquanto pessoa jurídica, a administração da lei e o direito, todos têm seu fundamento no Estado. O Estado é a "pessoa" universal que age determinada pela vontade universal, e não por inclinações ou interesses corporativos. Todavia, esta vontade é a identidade na universal deliberação da razão e não a concordância da maioria. O Estado, na moderna eticidade, supera dialeticamente as paixões singulares e os anseios das pessoas jurídicas particulares. Do ponto de vista histórico, esta figura de Estado é a mais elaborada expressão da razão no direito. Assim, para o filósofo, o Estado na moderna eticidade é "o racional em si e para si" (Hegel, 2010, p. 230, 1970[d], p. 399). Sendo o sentido da razão ao curso da História a evolução da liberdade, e sendo este Estado a realização da razão, então ele é, também, a realização da liberdade, isto é, "o Estado é a efetividade da liberdade concreta" (Hegel, 2010, p. 235, 1970[d], p. 406). A heterogeneidade das individualidades – a pluralidade das autodeterminações singulares – é incorporada pela efetividade da liberdade propiciada pelo Estado. Para Hegel (2010, p. 236, 1970[d], p. 407), "o fundamento dos Estados modernos têm prodigiosamente o vigor e a profundidade de deixar a base da subjetividade completar-se até o extremo autônomo da particularidade pessoal". Enfim, na realidade sócio-política moderna, a lei, por não ser expressão da universalidade meramente formal, possibilita ao Estado legislar sobre a responsabilidade pública do cidadão sem despotismo.

Portanto, é no contexto desta realidade sociopolítica moderna que trataremos nos próximos itens da educação em Hegel, demonstrando as relações entre educação e a moderna eticidade.

Educação e Família

Hegel defende que os pais têm o dever de prover a educação de seus filhos. Esta ação se integra na efetividade da vida ética, pois é o meio real de constituir racionalmente a sociedade. O sentido deste processo peculiar à família é elevar as crianças de sua condição natural ao estágio da autonomia e personalidade livre (HEGEL, 2010, p. 182, 1970[d], p. 326). A possibilidade de se atribuir este sentido ao processo de formação para a vida em sociedade é inerente à realidade da sociedade moderna e, em contrapartida, a modernidade da sociedade tem, neste processo de educar visando à autonomia, um de seus principais mecanismos de realização. É pela liberdade dos filhos e por sua educação para a autonomia que se constituem, via a realidade sensível dos costumes, as bases da objetividade ética.

Todavia, é por ser pensada em sua efetividade sensível que a educação dos filhos para a autonomia redunda em uma problemática de significativa importância, pois a autonomia exacerbada em egocentrismo acarreta danoso individualismo e egoísmo – traços de caráter diametralmente opostos à construção de relações éticas e incompatíveis com uma moralidade efetivamente objetiva. Daí o pensador reconhecer que "é difícil encontrar o meio termo entre a liberdade excessiva propiciada à criança e a excessiva limitação desta liberdade" (HEGEL, 2000, p. 128, 1994, p. 84, 1970[j], p. 374). Porém, tendo em conta o individualismo e o egoísmo que corroem pela base a constituição de um mundo ético, o filósofo também reconhece que, "no aspecto que ambos [liberdade excessiva e limitação excessiva] são um erro, o primeiro, então, é bem maior"[16] (HEGEL, 2000, p. 128, 1994, p. 84, 1970[j], p. 374). Este dilema, porém, perseguirá naturalmente a ação pedagógica dos pais, haja vista que, por mais que se esforcem em dar a seus filhos uma boa educação, o benevolente desejo de propiciar-lhes uma vida cômoda sempre trará em si a possibilidade de torná-los demasiadamente entregues a si mesmos, pois "é mais fácil amar aos filhos do que educá-los" (HEGEL, 2000, p. 128, 1994, p. 85, 1970[j], p. 374). Sob esta ótica, o pensador critica a postura pedagógica de precocemente largar as crianças a uma imatura soberania:

> [...] o princípio de que se deveria desde cedo trazer as crianças ao contato com o mundo e para esse fim, iniciá-las na convivência social, isso é, nos prazeres e diversões dos adultos, ou trata-las como se fossem adultos certamente fez muitos prejuízos à educação moderna (HEGEL, 2000, p. 128, 1994, p. 84, 1970[j], p. 374).

Em uma perspectiva histórica, a inexistência dos reais processos de educação para a autonomia contribuía para a cisão inerente à figura anterior do espírito objetivo. Em Roma, a não existência de uma *Erziehung* balizada pela autonomia dificulta a efetividade da liberdade nos costumes. Neste sentido, Hegel aponta que:

> [...] a relação de servidão dos filhos romanos é uma das instituições que mancham mais essa ordem jurídica

---

[16] *"Insofern beides ein Fehler ist, so ist der erstere wohl der größere"*. Arsenio Ginzo (HEGEL, 2000) traduz o final da frase como "[...] *el segundo es ciertamente el mayor"*. Indicando que, para Hegel, o erro maior é o da limitação da liberdade. Insistimos, no entanto, que o filósofo se refere à liberdade excessiva como a falha mais grave, concepção que também se encontra na versão de Ermelinda Fernandes (HEGEL, 1994) que traduz "... o primeiro erro é bem o maior".

[romana], e essa ofensa à eticidade, no que sua vida tem de interior e mais frágil, é um dos momentos mais importantes para entender o caráter dos romanos do ponto de vista da história do mundo e de sua orientação para o formalismo jurídico (2010, p. 183: 1970[d], p. 328).

Contudo, é importante salientar que a construção da racional autonomia desde a educação infantil corresponde à supremacia da determinação ética sobre os instintos, paixões e inclinações, significando que a educação para autonomia é mediada pelo disciplinamento. Dessa forma, já que a família é responsável pelo processo no qual a autonomia seja incorporada ao ponto de tornar-se necessariamente um elemento dos costumes, ela é também a responsável pelos primeiros disciplinamentos aos quais o educando se submeterá ao longo de sua instrução.

Consequentemente, ao chegar à escola, a criança já deve trazer de sua educação familiar as bases de sua disciplina, distinta, porém, da educação disciplinar no mundo imperial romano, que visava a ajustar o sujeito à disciplina (*Zucht*) vigente em um mundo carente de efetiva liberdade. É bem verdade que assim como no disciplinamento romano, a disciplina aqui também significa "mover" a criança para que seja adequada às finalidades objetivas. Porém, o fim para o qual agora é disciplinada corresponde a uma realidade que concilia o que no mundo imperial romano se encontrava cindido: razão e sensibilidade.

Dessa forma, diferente da situação da criança romana, o educando do mundo ético moderno não é educado em servidão, mas em meio à autonomia. A efetividade deste meio autônomo se dá na própria realidade dos costumes, e da legislação que, na eticidade moderna, exige dos pais o reconhecimento do filho enquanto um indivíduo em-si, esvaziando à inexistência o latino "*pater potesta*".[17] A

---

[17] O direito romano reconhecia o poder (*potesta*) do chefe da família (*pater*) sobre os filhos, que concernia não apenas à exclusiva posse do patrimônio,

disciplina visa a construir a verdadeira autonomia, aquela em cuja singularidade não impera os instintos e paixões naturais, mas que deve ser regida pelas normas éticas da realidade sociopolítica moderna, que expressam o próprio desenvolvimento racional do espírito. Então, precedendo a vida escolar, a educação familiar é a base da formação educacional do cidadão. Neste sentido, Hegel defende que

> [...] há outro tema importante, com respeito ao qual a escola se encontra numa relação ainda mais necessária com a família e tem exigência a fazer-lhe, a saber a disciplina. Distingo aqui a disciplina dos costumes da formação moral (*Bildung*) dos costumes. A disciplina propriamente dita não pode ser a meta de uma instituição de ensino, mas apenas a formação moral dos costumes, e também esta não na grande extensão de seus meios (2000, p. 92, 1994, p. 47, 1970[j], p. 334).

Família e Escola

A família moderna, portanto, tem deveres em relação a seus filhos que, consequentemente, redundam em responsabilidades sociais. Às instituições concernentes à *Erziehung* cabe a *Bildung* dos costumes que, como se viu anteriormente, não significa a mesma coisa que o disciplinamento dos comportamentos que ajuste as ações do jovem educando aos costumes de sua sociedade. Sob esta ótica, o filósofo defende: "uma instituição de ensino não tem que começar por obter a disciplina dos alunos, porém pressupô-la. Devemos exigir que as crianças já cheguem disciplinadas

---

mas inclusive ao poder de decidir sobre a vida, morte e liberdade dos próprios filhos. Tal poder só cessava mediante o matrimônio dos filhos. Contudo, no caso das filhas, o matrimônio transferiria algumas dessas prerrogativas para o marido, notadamente a posse do patrimônio. Daí, Hegel também salientar que, na configuração moderna de família, a posse do patrimônio é comum à família, o que efetiva uma maior autonomia à totalidade de seus membros, particularmente do gênero feminino.

(*gezogen*) à nossas escolas" (HEGEL, 2000, p. 92, 1994, p. 47, 1970[j], p. 334). Não cabe exclusivamente à escola induzir nos alunos solidariedade aos colegas e o gosto pelos estudos. Não obstante, o Hegel *Rektor* do *Gymnasium* de Nürnberg registra que "para as crianças nas quais a educação caseira não conseguiu implantar estas condições, teve de recair sobre nossa instituição a tarefa de obter esta disciplina" (HEGEL, 2000, p. 93, 1994, p. 48, 1970[j], p. 334).

Por satisfazer uma necessidade objetiva, a *Erziehung* é uma realização da objetividade social, ou seja, é uma tarefa necessária à universalidade da sociedade, não apenas das instituições de ensino. Isto sugere que a *Erziehung*, o processo que além de formação para vida em sociedade eleva o cidadão à *Bildung* (a formação moral que resulta do desenvolvimento do conceito de liberdade na subjetividade espiritual), é responsabilidade de diversos atores e instituições. Nesta perspectiva, o pensador aponta que "apenas mediante a ação comum e convergente dos pais e professores se pode realmente alcançar êxito em casos importantes, particularmente em faltas morais" (HEGEL, 2000, p. 95, 1994, p. 50, 1970[j], p. 337).

Contudo, é na escola que o cidadão vivencia as primeiras experiências no mundo ético. A escola é "uma circunstância ética especial, na qual o homem se detém e onde através do acostumar-se é moralmente formado em condições práticas reais" (HEGEL, 2000, p. 105, 1994, p. 61, 1970[j], p. 348). A vida escolar é o instrumento pelo qual a *Erziehung* cumpre seu papel nas objetivações do espírito; por ela, o homem eleva-se da mais imatura natureza para a de cidadão de um mundo moderno: "a escola encontra-se entre a família e o mundo efetivo e faz o elo da transição daquela para este" (HEGEL, 2000, p. 105, 1994, p. 61, 1970[j], p. 348). Neste sentido, Hegel (2000, p. 129, 1994, p. 86, 1970[j], p. 375) conclama: "Apoiemo-nos mutuamente, nós, pais e professores, para a finalidade da formação moral dos alunos! Pois desta união é-nos permitido esperar ver coroada de êxito a nossa tarefa de educá-los para homens hábeis, capazes e honestos".

Educação e Sociedade Civil

A sociedade civil é a integração efetiva de um povo enquanto a realidade das redes produtivas e do sistema jurídico-administrativo. É em meio à realidade da sociedade civil que a habilidade no trato da vida cotidiana, a capacidade produtiva no mundo do trabalho e a honestidade perante o sistema legal constituem os pilares do conjunto de valores necessários à vida prática na sociedade moderna. A *Erziehung*, quando processo de instrução para a aquisição dessas competências, torna-se um dos momentos mais importantes na constituição e manutenção da sociedade civil.

A escola, ao constituir-se como a passagem entre o mundo da família e o mundo efetivo, se coloca na função de preparar o cidadão, desde a infância, para a realidade da vida inserida na sociedade civil. Mesmo que seja também da família o encargo de formar de acordo com os valores necessários, será, contudo, no ambiente da escola onde ele primeiro adquirirá certas competências para a vida em sociedade que, devido à natural benevolência familiar, dificilmente poderá ser vivenciada na família. Ao longo da experiência no período escolar, o aluno faz a transição da benevolente condição de filho para a de apto à vida em sociedade. É em meio às responsabilidades cotidianas respectivas à família, às obrigações de produtor de bens e aos deveres legais de cidadão que a dimensão ética do mundo se efetiva, e é ao longo do período escolar que as competências relativas a tais responsabilidades serão incorporadas. Ao longo desse período, o cidadão "aprende a determinar seu agir segundo uma finalidade e segundo normas, deixa de valer pela sua pessoa imediata e começa a valer por aquilo que efetiva" (HEGEL, 2000, p. 106, 1994, p. 61, 1970[j], p. 349). Além disso, "na escola tem que se comportar no sentido do dever e de uma lei" (HEGEL, 2000, p. 106, 1994, p. 62, 1970[j], p. 349).

A sociedade civil é o espaço efetivo da vida social do cidadão. Se no Estado ele encontra a base de seus direitos, a fonte das leis que devem reger a vida ética é, no entanto, no âmbito da sociedade civil que ele experimenta a vida em sua dinâmica concreta. A qualidade desta experiência decorre diretamente das possibilidades que lhes são ofertadas. A educação geral e a instrução profissional fazem parte do conjunto de meios para a realização de uma vida aprazível, que forneça ao indivíduo boa oportunidade de desenvolvimento pessoal, devendo tal desenvolvimento estar em sintonia com o bem-estar geral da sociedade civil. Neste sentido, o processo educacional deve ser um dos objetos do cuidado público, civil, isto é, a *Erziehung* deve ser uma das preocupações da administração pública, pois a possibilidade de realização que ela deve propiciar ao indivíduo tem que estar associada ao conjunto dos interesses da própria sociedade. Dessa forma, já que a realização civil da *Erziehung* se dá pela rede de instituições de ensino, a gestão dessas instituições não é responsabilidade isolada das famílias nem está restrita aos seus respectivos dirigentes, mas é especialmente da responsabilidade da ordem pública. Isso torna a gestão da rede escolar uma das principais ações da administração pública perante os cidadãos, pois reconhecerão na eficiência de tal gestão a realização do papel ético efetivo cumprido pelos órgãos administrativos. Sob esta perspectiva, Hegel afirma:

> Há dois ramos da administração pública com respeito a cujo bom funcionamento as pessoas (die Völker) acostumaram a mostrar o maior reconhecimento, a saber, uma boa administração da justiça e boas instituições educacionais (Erziehungsanstalten); pois em nenhum outro âmbito os particulares percebem e sentem as vantagens e os efeitos de uma forma tão imediata, próxima e individualizada como nos ramos mencionados, das quais uma se refere à sua propriedade privada em general e, a outra, à sua propriedade mais querida, a seus filhos (Hegel, 2000, p. 73, 1994, p. 27, 1970[j], p. 312).

Deve-se levar em conta também que gestão pública da educação tem que satisfazer não apenas à pessoa singular e aos interesses de sua família, mas ainda tem que atingir as demandas das corporações, que é o caso específico da instrução profissional.

O exercício profissional deve fazer a mediação entre a totalidade e a individualidade. Ou seja, é pela atividade laboral que o singular, movido por suas inclinações e ambições, se insere positivamente na cadeia de carecimentos que estabelece vínculos necessários a agregar o conjunto da sociedade. Em consequência disso, a instrução profissional é outro importante objeto da administração, especificamente em seu âmbito corporativo. Assim, no exercício de sua autonomia, essa pessoa jurídica particular – a corporação – deve regular a instrução específica de seus pares, habilitando-os ao competente exercício dos trabalhos que lhes cabem no sistema de consumação dos carecimentos.

Todavia, assim como o exercício profissional não está desvinculado do interesse geral da sociedade, a instrução não deve estar desvinculada da *Erziehung* como um todo, haja vista que a educação do cidadão não se esgota em sua formação profissional, por mais eficiente que seja, pois tal formação lhe confere habilidade técnica; porém, os saberes passados pela educação em geral conectam o profissional para além da particularidade da profissão e o elevam à sua condição de cidadão. Neste sentido, por mais eficiente que seja a *Erziehung* profissionalizante, por mais eficiente que seja a formação técnica por ela propiciada, tal *Erzihung* deve manter como resultado maior a formação moral do educando e dever manter como referência a cultura moral que caracteriza a moderna eticidade. A *Erziehung* profissionalizante não pode se afastar da *Bildung*, nem como meta e nem enquanto princípio.

O Trabalho e a *Bildung* na Eticidade Moderna

O segundo capítulo "O espírito educando a si mesmo: a *Bildung* e o espírito subjetivo" indicou no item

"Reconhecimento e trabalho: os passos iniciais da autoeducação do espírito" que o primeiro movimento da *Bildung* se dá com os gregos, na primeira eticidade. Significando que é no mundo grego a primeira manifestação do espírito subjetivo cuja determinação é pela liberdade, a determinação moral. Vimos que na célebre passagem do "Senhoril e Escravidão" da *Fenomenologia do Espírito*, o pensador trata do processo pelo qual se forma a *Bildung*. Neste processo, a ação do trabalho (*Arbeit*) desempenha um papel crucial na formação da consciência. Sendo desejo contido, o trabalho conduz a consciência a reconhecer uma outra consciência oposta a si. Via o trabalho, a consciência servil inaugura na vida subjetiva do espírito a consciência de "si", que é passo fundante na consciência da liberdade. Através do trabalho se forma a cultura ética (*Bildung*) dessa inicial figura da autoconsciência.

A obra *Linhas fundamentais da filosofia do direito*, entre os parágrafos 196 a 198, Hegel (2010, p. 203-204, 1970[d], p. 351-352) aborda a questão dos modos do trabalho na sociedade que lhe era contemporânea, retomando também a reflexão em torno da *Bildung* e do *Arbeit*.

Referindo-se ao ambiente da sociedade moderna – demarcada pela realidade da produção fabril e da emergente realidade do mercado –, o filósofo define o trabalho como a mediação que tem por finalidade forjar e adquirir os meios específicos para carências e necessidades específicas. Essa nova conformação confere a esses meios seu valor e sua intencionalidade, de tal forma que o homem em seu consumo, ou seja, na consumação de suas carências e necessidades, se relaciona com produções humanas, isto é, se relaciona com o próprio homem. Em seu aspecto teórico, essa moderna face da *Bildung* desenvolve-se na multiplicidade das determinações dos objetos que interessam: é a educação e a cultura do intelecto em geral e, consequentemente, da linguagem. Em seu aspecto prático, a *Bildung* caracteriza-se, através do trabalho, pelas carências forjadas e pelos costumes e hábitos dos empregos e ocupações em geral, que ao todo constituem uma ordem de necessidade como que uma natureza inorgânica. Em outras palavras, o trabalho é a mediação cuja finalidade é produzir os elementos que satisfazem nossas necessidades; ao produzir e consumir tais elementos, o homem estabelece uma rede de relação com outros homens. Essa rede estabelece saberes próprios e um universo linguístico específico, com estruturas e significados, estabelecendo também comportamentos e atitudes necessários à manutenção dessa rede de relações. Isso tudo constitui uma cultura ética específica da modernidade, a moderna figura da *Bildung*.

Educação e Estado

A perspectiva da educação enquanto formadora do cidadão ético para uma plena vida ética é objeto do Estado.

O Estado, em relação a um povo constituído enquanto sociedade civil, é uma "pessoa universal", haja vista que fundamenta a pessoa jurídica singular – o cidadão – e a pessoa jurídica particular, a corporação. Quando conceito efetivo, noção real, o Estado tem sua efetividade imediata na Constituição, o direito estatal interno (HEGEL, 2010, §259, p. 234, 1970[d], p. 404), pois ela é a "organização do Estado e o processo de sua vida orgânica em vinculação consigo mesmo" (HEGEL, 2010, §271, p. 253, 1970[d], p. 431). Constituído, o Estado tem o poder legislativo, o poder governamental e o poder principado[18] (HEGEL, 2010, §273, p. 255, 1970[d], p. 435).

Esta trinca de poderes deve levar a *Erziehung* a cumprir seu papel ético. Desta forma, tanto por leis regulatórias quanto por determinação de políticas estatais, o Estado deve cumprir o seu papel possibilitador da efetiva ação da educação na construção ética da sociedade. Assim, se é da

---

[18] *Fürstliche Gewalt:* referente à monarquia constitucional (*konstitutionellen Monarchie*), forma de governo vigente na Prússia e no Reino da Baviera.

família acionar a educação para o bem-estar de seus filhos, se é das corporações ativá-la para a maior eficiência de seus trabalhadores na sociedade, é então tarefa do Estado acioná-la a favor do interesse universal. Movido por uma vontade racionalmente determinada, o Estado deve apontar a *Erziehung* no sentido de elevar todos à *Bildung*.

A *Erziehung*, dado o seu papel na constituição dos costumes próprios à vida efetiva na sociedade moderna, é necessariamente incluída no rol das ações políticas do Estado; porém, sob uma natureza política distinta daquela da sociedade civil, pois, agora, a educação não é pensada como meio para necessidades particulares, mas sim um instrumento de uma necessidade ética. Além disso, está na perspectiva do Estado a tarefa de, enquanto pessoa determinada por uma vontade universal, apontar o sentido político do processo pedagógico para o desenvolvimento da liberdade.

Cabe, então, ao Estado moderno, sendo a expressão racional da liberdade, mais uma significativa tarefa em meio ao desenvolvimento do espírito: acionar a educação como meio do progresso do gênero humano, tarefa – vale repetir – que, por sua natureza, não é do indivíduo singular nem do particular.

A possibilidade da plena educação do gênero humano

O espírito em sua dimensão absoluta compreende a integralidade do mundo e, nesta grandeza, existe tendo a si mesmo como objeto. Seu desenvolvimento é o movimento da vida humana na História e, dessa forma, tendo chegado à eticidade moderna, atingiu um patamar no qual, consciente de sua grandeza, pode conscientemente indicar para si próprio o caminho de seu progresso. O efetivo trilhar dessa trajetória demanda a realização dos processos reais pelos quais se traga, para o plano dos costumes de toda a humanidade, a determinação ética universal.

O sujeito que em sua isenção pode coordenar todo esse processo de progresso real é o Estado, em medida da expressão da vontade universal. Todavia, em decorrência do inexorável avanço do espírito, por existir em relação a uma sociedade civil que, por sua vez, deriva de um povo-nação, não haverá um único Estado, mas uma comunidade destes. Esta comunidade que, em sua abstração, expressa a dinâmica concretude da vida real do gênero humano, agora não mais disperso em cidades-estados nem regulado por uma legislação meramente formal; porém, distribuído em meio à comunidade de Estados racionais.

Quando se trabalha com a ideia dessa comunidade de Estados – como universalização da eticidade moderna –, se está admitindo a possibilidade da "perfectibilidade e da educação do gênero humano" (HEGEL, 2010, p. 307, 1970[d], p. 504). Ou seja, fundando a ideia do avanço ao patamar mais sofisticado da organização sociopolítica da humanidade, está a noção da possibilidade de se atingir esta perfeição.

Por conseguinte, como todo esse processo se efetiva quando se leva ao nível dos costumes a determinação ética para todo o gênero humano, se está admitindo também a possibilidade da mais sofisticada formação humana, que corresponde ao mais elaborado processo político-pedagógico. Em suma, a ideia da perfectibilidade do gênero humano acarreta a necessidade de se apontar a *Erziehung* para sua finalidade mais alta: educar a humanidade para o progresso na consciência da liberdade.

A perfectibilidade da educação do gênero humano era uma ideia corrente na cultura alemã do século XIX. Herdeira do ideal luterano-morávio cujo expoente mais notório foi Amós Comenius (1592-1670), propositor da *Panpaedia* (o ensinar tudo a todos), a ideia ganhou força e consistência filosófica no Iluminismo, deixando de ser veiculada como uma ordenança de caráter religioso para ser tratada enquanto um fim natural do desenvolvimento racional da humanidade. Iluministas como Gotthold Lessing (1729-1781), Immanuel Kant (1724-1804) e Johann Herder (1744-1803) foram entusiastas da ideia de que a educação é o principal instrumento para que se atinja uma das maiores finalidades do desenvolvimento histórico da humanidade: o avanço da natureza racional humana (Novelli, 2001; Ramos, 2007).

Em relação a Hegel, nos parece que tinha por certo que esse processo havia iniciado com o advento do Estado moderno, que não é, para o filósofo, este ou aquele governo específico, mas a moderna institucionalização jurídico-administrativa dos ordenamentos políticos da contemporaneidade.

Como vimos, Hegel indica que a configuração moderna de Estado é o resultado do desenvolvimento do espírito. Ele é o guardião da universalidade e da vontade racional na eticidade moderna e é a pessoa moral plena, pois é o sujeito cujas ações são determinadas por princípios universais e necessários à liberdade. Por conseguinte, as ações do Estado moderno são, para Hegel, atos morais. Neste sentido, a política educacional do Estado – suas ações no campo da educação – é o ato da educação racional do gênero humano.

Podemos inferir que, por serem sujeitos plenamente morais, portanto, determinados por princípios universais, a comunidade de Estados constitui um conjunto coeso, de tal forma que as ações de cada um no sentido da educação do gênero humano, não serão divergentes, pois, por serem pautadas por princípios universais, são, pela própria universalidade, coincidentes.

Assim, Hegel não projeta a perfectibilidade da educação do gênero humano para um "mais além" nunca atingido devido à cisão entre a natureza sensível e a racional, posição marcadamente kantiana. O filósofo insere o debate sobre a perfectibilidade da educação da humanidade no campo da especulação filosófica sobre a política e o Estado. É sabido que este debate não deixará de ser ainda uma especulação sobre um devir, contudo, ao colocá-lo no desfecho de sua obra sobre filosofia do direito, o pensador parece sugerir que a educação enquanto sua função social e ética é uma questão de Estado.

Neste sentido, mesmo que as famílias e as corporações tenham suas responsabilidades, prerrogativas e interesses específicos, a educação, se se quiser que seja posta enquanto processo de constituição de um povo e de uma sociedade, é uma tarefa que supera dialeticamente a esfera dos sujeitos particulares.

A presença hegemônica do pensamento liberal na cultura pedagógica contemporânea nos faz afastar dessa ideia: valorizam-se as liberdades privadas em detrimento da liberdade socialmente objetiva.

Os ideais presentes no pensamento de Georg Wilhelm Friedrich Hegel têm por fundamento a teleologia do progresso do espírito humano. A nossa História recente, em particular desde a segunda metade do século XX, esgotou a energia utópica de tal credo. Sua concepção de Estado como a realização da razão na História também não encontra lugar no debate político contemporâneo. Todavia, o que se deve resgatar de Hegel, e nisso não deve haver maiores discordâncias, é que a educação pensada em sua finalidade ética, ou seja, pensada como instrumento de construção de harmonia e integração social, deve ser constituída enquanto expressão de uma política que vise ao conjunto da sociedade e que tenha por finalidade essa mesma interação. Neste nível, essa política é uma política de Estado, mesmo que este não seja mais aquele tido como a efetivação racional da liberdade.

Dessa forma, mesmo que nas sociedades democráticas contemporâneas os sujeitos coletivos demandem formas e processos específicos de escolaridade e formação, deve ainda caber ao plano das políticas de Estado a dimensão da educação enquanto instrumento de formação ética.

A especulação sobre os significados dessa formação e educação será sempre uma tarefa da filosofia, da Filosofia na Educação.

Considerações finais: para não perdermos a possibilidade do estranhamento (*Entfremdung*)

Defendemos que para Hegel, o educar (*erziehen*), ou seja, a ação do processo de instrução, capacitação e socialização dos saberes necessários para a vida, é balizado pela cultural ética. A efetividade desse processo educacional (*Erziehung*) é a objetividade da cultura ética (*Bildung*) concernente à sociedade. Em suma, o ponto-chave de nossa leitura é: a *Erziehung* deve ser a *Bildung* objetivada.

Escudamo-nos na ideia de que, em Hegel, no momento do espírito cindido, em sua dupla dimensão – subjetiva e objetiva –, o espírito absoluto realiza, interno a si mesmo, dois importantes movimentos: exteriorização (*Entäußerung*) e alienação-estranhamento (*Entfremdung*). O espírito absoluto move-se no compasso da tensão instaurada pelo descompasso entre a objetividade que, exteriorizada da subjetividade, é "estranhada" por ela. Interpretamos que, para o filósofo, neste momento do espírito, a vida objetiva, ao efetivar-se, abandona a dimensão "espiritual subjetiva", sendo desta subjetividade sua exteriorização, sua "situação oposta" (*Gegenstand*). No momento da consciência infeliz, o espírito objetivo coloca-se diante do subjetivo como o alienado (*entfremdete*) de si e, nessa exteriorização, é o outro oposto ao "espiritual subjetivo". Não se reconhecendo no que é de si alienado, o espírito subjetivo se forma (*bildet*), avançando para outro conceito e idealidade. Contudo, tendo chegado ao patamar do "espírito certo de si mesmo", ou seja, que se reconhece em sua exteriorização, a subjetividade do espírito se reconhece em sua objetividade. Doravante, o espírito avança corrigindo aquilo que de si fora externado, mas que lhe é estranho, e reforçando aquilo pelo qual se reconheça enquanto razão efetivada.

Portanto, é terrivelmente trágico ao destino da própria humanidade que o estranhamento e o reconhecimento cessem, pois consigo cessará também a possibilidade de progresso ético da sociedade.

Hegel nos sugere que o movimentar-se inexorável do espírito em sua absoluta infinitude traz ao plano singular a concreta pluralidade de sentimentos antagônicos. Hegel ironicamente adverte:

> Infeliz aquele a quem se lhe há alienado seu mundo imediato dos sentimentos, pois isto não significa senão que se lhe há roto os vínculos individuais, que unem de uma forma sagrada a alma e os pensamentos com a vida, a fé, o amor, a confiança! (2000, p. 81, 1970[j], p. 321).

A infelicidade do sujeito singular que vê os significados de seu mundo ruir – por exemplo, a infelicidade de Luís XVI diante da Revolução Francesa – corresponde à alegria daqueles que se reconhecem na configuração subjetiva mais avançada que a anterior. O sujeito singular finito é arrastado pelo movimentar-se do espírito em sua infinitude. Por ser finito, é a alma (*Gemüse*) e o pensamento (*Denken*) do indivíduo que sofrerão a angústia da ruptura ética do mundo. Ou seja, é sobre o singular que a exteriorização se traduz como trágica dor, diante do estranhamento, ou romântica alegria, diante do reconhecimento.

O estranhamento-alienação no plano da finitude singular se manifesta, por exemplo, pelo sentir doloroso de Luís XVI, e todos os privilegiados hóspedes de Versalhes, estranhando o surgimento do novo ordenamento jurídico, da nova política econômica e dos novos costumes. Por sua vez, o reconhecimento se traduz no sentimento de regozijo do cidadão moderno diante da sociedade que surge e pelo qual reforça sua convicção a favor da liberdade e da razão.

Todavia, essa pluralidade concreta de sentimentos opostos não traz consigo a apatia. Palavra oriunda do grego (*a-patéia*), que literalmente significa o não-sentir.

Hegel, por cerca de seis anos, dirigiu uma das mais significativas instituições de ensino da Alemanha (*Gymnasium de Nuremberg*). Compreendendo que a *Bildung* digna do seu tempo é aquela que funda a cultura ética na liberdade e na autonomia do sujeito, estranha o processo mecânico da didática instituída pelo ensino mútuo inglês. Mesmo reconhecendo a necessidade do momento "mecânico" no processo educacional, cujo começo, nos primeiros anos da escola, o discente é conduzido quase que "mecanicamente" a apreender os conteúdos – "por mais que se queira fazer penetrar pelo espírito a aprendizagem dos conhecimentos elementares, o começo, tem, contudo, que se processar sempre de uma forma mecânica" (HEGEL, 2000, p. 125, 1970[j], p. 370) – o filósofo manifesta seu estranhamento ironizando o processo de ensino mútuo desenvolvido na Inglaterra: "no momento ainda não estamos tão avançados em máquinas como a inventiva Inglaterra, onde, em uma escola, 1.000 alunos são cuidados por um professor" (HEGEL, 2000, p. 125, 1970[j], p. 370). Continuando seu irônico estranhamento, registra que nessa inventiva máquina, "recebem lições dos próprios alunos, e como uma série de várias filas de remadores, aprendem compassadamente todos ao mesmo tempo" (HEGEL, 2000, p. 125, 1970[j], p. 370).

Percebe-se, pelo exposto que, pautado por sua percepção de cultura ética, isso é, *Bildung*, o pensador estranha a mecanização tecnicista proposta pelos ingleses. Significando que este modelo de *Erziehung* não corresponde à *Bildung* que fundamenta seu ideal pedagógico. Isto indica que muito mais estranharia se se deparasse com a realidade atual do ensino, em que, tal qual remadores autômatos, boa parte de nossos jovens seguem compassadamente memorizando fórmulas e conteúdos sem que se tenha a mínima possibilidade de eles penetrarem em seus espíritos. Mais incômodo ainda deveria ser o estranhamento diante da formação universitária, esta já há muito, remando cadenciadamente a favor da correnteza do mercado. E estranhamento maior deveria ser se se deparasse com o fato de que os conteúdos de humanidades presentes nos currículos da formação universitária tenham sido substituídos por saberes mais ritmados com o compasso do mercado. Ou mesmo, quando ainda existentes, percebesse que tais conteúdos são ministrados em aulas não presenciais, quando se exige do universitário, futuro profissional a ser lançado na vida em sociedade – que deveria ser pensada enquanto uma vida ética –, que apenas preencha *on-line* algum fichário de respostas sobre aqueles mesmos conteúdos que deveriam pautar a reflexão ética, política e histórica da sociedade na qual se inserem.

Se a máquina de ensinar britânica já "causava espécie" em nosso filósofo, o quão não lhe pareceria estranho que hoje o ensino ofertado por um grande número de instituições dissolveu ainda mais a já diluída presentificação do milhar de alunos, pois a máquina de ensinar agora é digital, sua realidade está no plano virtual e neste novo universo se atingem milhões.

A Baviera na qual Hegel exerceu a direção do *Gymnasium* ainda estava por atravessar o período das grandes transformações sociais decorrentes da expansão fabril que caracterizará a chamada "Revolução Industrial" alemã. Todavia, a realidade social daquela rica região já apresentava o dinamismo típico dos modernos agrupamentos urbanos, implicando no dinamismo da própria vida familiar; percebia-se a tensão que invade a vida familiar, obviamente, não comparada com as transformações pela quais passam a organização familiar de hoje, mas já apontando novas formas de constituição doméstica, onde cada vez mais se desmembrava o clã e se constituía o núcleo familiar dos cônjuges. Todavia, nem por isso, ou seja, nem pelo fato de a família já estar em vias de transformação do seu núcleo tradicional, Hegel deixava de estranhar a tendência dessas famílias em transferir para a escola responsabilidades que são suas. No tocante à educação para a autonomia, que não deixava de ser, para Hegel, a meta principal do processo de formação, o filósofo alerta sobre a dificuldade de encontrar o equilíbrio entre liberdade e controle no trato com as crianças, alertando que é mais fácil amá-las que educá--las. Porém, o pensador estranha a não responsabilidade dos pais na educação moral de seus filhos. Em discurso à comunidade escolar do *Gymnasium*, na presença de pais e autoridades do governo, cobrou a participação da família na tarefa de educar eticamente seus jovens, conclamando pais e professores a apoiarem-se mutuamente na tarefa de educá-los.

Certamente, da época da Baviera do "*König Max*" aos dias de hoje, a família mudou bastante. Novas formas de união afetiva, a maior dinâmica na reconfiguração dos casais (cujos parceiros já trazem consigo seus respectivos filhos), a maternidade e a paternidade não planejada na adolescência e tantos outros fatores desconstroem o já tradicional modelo pai-mãe. Além do que, e em particular nos países e regiões com alto índice de pobreza, aqui incluído o Brasil, o núcleo familiar gira em torno exclusivamente da responsabilidade materna: uma matriarca que aglutina em torno de si suas filhas, cujos filhos são seus netos. Essas novas configurações na unidade familiar contribuem positivamente para que a mulher assuma cada vez mais seu papel de protagonista, desconstruindo, por sua vez, as relações de poder centradas na figura masculina. No entanto, o que deve causar estranheza não é o abandono do modelo tradicional de família, pois este já não corresponde às novas formas de socialização dos afetos, de formação de casais e do papel da mulher na sociedade. O que se deve estranhar é essa nova família não ser acionada à tarefa que também é sua: a educação ética de seus filhos. O que se deve estranhar é que a escola e família sejam concorrentes, que não sejam parceiras nesta tarefa. Segundo Hegel, "a escola compartilha com a família a vida da juventude; é extremamente necessário que não se obstaculizem mutuamente, que uma não debilite a autoridade e a atenção da outra, antes mais se apoiem e colaborem entre si para alcançar o fim comum, tão importante." (HEGEL, 2000, p. 109, 1970[j], p. 352).

O não "sentir" nada corresponde à perda da possibilidade de avançar para outra realidade. Imergir no que os gregos denominavam de *a-patéia*, especificamente no que se refere ao não estranhamento diante da realidade da educação, cuja efetividade envolve a família, a escola, as políticas governamentais, a educação universitária e outros, significa não problematizá-la. Pois, sem tal estranhamento, não a teremos como objeto de crítica; pelo contrário, estaremos diante dela como o animal diante da natureza: determinado por uma ordem necessária, uma determinação exterior aos sujeitos singulares ou coletivos, que nessa necessidade exterior nega-lhe a autonomia e a liberdade. O não "sentir" também significa a perda do encantamento decorrente do reconhecimento, do "se reconhecer" numa dada efetividade e por ela se engajar.

Contudo, em Hegel, esse estranhamento diante de como se efetiva a *Erziehung* pressupõe uma *Bildung*. Em outras palavras, para o afastamento crítico diante da realidade dos processos de ensino aprendizagem, é necessário o balizamento por um conjunto de princípios que componham uma proposta de cultura ética. Sem o lastro de um ideário ético, as realidades dos processos de ensino aprendizagem não poderão ser "estranhadas", isto é, não poderemos aliená-las, para neste afastamento, neste não reconhecimento, apontar-lhe os pontos nodais e divergentes em relação a um determinado projeto ético.

O pensamento de Hegel sugere que não se deve aceitar a ausência do estranhamento, a ausência do distanciar-se, ausência que a tudo torna natural e aceitável, que remete à ausência plena de uma resposta à pergunta: educar para quê?

Não estamos aqui defendendo um retorno à metafísica hegeliana como o paradigma de compreensão da realidade. Já não trazemos conosco tamanha crença na imanência da liberdade em relação à teleologia da história humana.

Contudo, estamos propondo outra possibilidade de uso para o conceito de *Entfremdung*. Hegel sugere que a realidade objetiva é a exteriorização da subjetividade espiritual, que, ao se efetivarem, deixam de pertencer ao campo "espiritual subjetivo", o pensamento abstrato, tornam-se o outro oposto ao "espiritual subjetivo". Nessa exteriorização, pelo menos enquanto consciência infeliz e espírito cindido, não se reconhecem no mundo exteriorizado, tendo-o por alienado ou estranho. Em Hegel, essa alienação-estranhamento entre espírito subjetivo e objetivo, no momento do espírito cindido, tem uma qualidade significativamente positiva, haja vista que, movido por essa "discrepância", o espírito avança para o seu "autorreconhecimento": no momento do "espírito certo de si mesmo", a subjetividade moderna se reconhece na objetividade da eticidade moderna.

Marx é o grande crítico dessa positividade da alienação. Segundo o que nos sugere o filósofo no "Terceiro Manuscrito Econômico-Filosófico", a alienação em Hegel, sendo o conflito entre sujeito e objeto, é a finalidade verdadeira da exteriorização. A alienação é necessária para o desenvolvimento do espírito. Assim, as figuras do poder estatal, da sensibilidade e da riqueza, ao longo da História, são o registro do progresso positivo do espírito. Nesse sentido, a positividade da alienação justifica Hegel perceber o Estado moderno e sua vinculação com a sociedade de mercado – caracterizada pela liberdade de circulação bens e serviços visando à satisfação individual – como a efetivação do avanço do espírito e do progresso da liberdade.

Marx, em contrapartida, apresenta, no "Primeiro Manuscrito Econômico-Filosófico", o conceito de alienação como negativo, relacionando-o com as questões do trabalho. Em síntese, o filósofo defende que o produto do trabalho é expropriado do trabalhador em decorrência da estrutura social capitalista. A imediata consequência disso é que o próprio trabalho é alienado do trabalhador. O trabalho alienado aliena os trabalhadores de seu produto, que não lhes pertence; do próprio trabalho, pois o mesmo passa a ser um meio de sobrevivência; de si próprios, pois seus desejos e necessidades são outorgados por outros; da sua classe, pois isoladamente vendem sua força de trabalho. Nesse sentido, o conceito de alienação perde seu caráter positivo. A alienação torna estranha ao trabalhador o mundo que efetivamente é seu: o trabalho, suas necessidades e sua classe. Ela não é motor de progresso, mas apenas conservação do *status quo*.

Contudo, há em Hegel e Marx uma aproximação: a alienação (*Entfremdung*) é um processo objetivo e é historicamente necessário: para Hegel, é necessário para o avanço positivo da história; para Marx, é necessário para a negação do progresso histórico.

Todavia, quando acionamos aqui o conceito de *Entfremdung*, nós o temos esvaziado de sua pretensa objetividade e o temos dissociado de qualquer teleologia histórica. A alienação e o estranhamento que salientamos é a discrepância entre aquilo que foi efetivado e o sentido anunciado. Para tanto, contudo, é necessário o anúncio de um "sentido", de um "projeto", uma "intencionalidade", que, por sua vez, fundam uma proposta ética. O estranhamento não é uma mera sensação de "antipatia", pois há objetividade a ele relacionada. Posto que o "sentido", uma "intencionalidade", um "projeto" anunciado é proferido a partir de um "mundo", de um lugar social. O estranhamento significa que, de um determinado lugar, se denuncia o que discrepa em relação ao que se projetou. Neste sentido, o estranhamento é o fundamento possível da crítica. É uma *Entfremdung* empobrecida, não tem por subjacência nenhuma verdade metafísica, esgotaram-se nela as pretensões da modernidade. Porém, permanece-lhe a natureza crítica: é porque algo se externou em desconformidade com o que se intenciona ou projeta que é possível lhe fazer a crítica.

Com Hegel, aqui, intenciona-se trazer à baila a provocação de suas reflexões no que concerne à questão da relação entre formação de uma cultura ética com a realidade político-pedagógica dos processos educacionais. Provocou-se que, sem a referência a um projeto ético, mesmo que difuso, perde-se tanto a capacidade de distanciamento crítico diante dos processos educacionais vigentes quanto a capacidade da aproximação engajada na defesa de uma proposta. Isto é, sem uma proposta do "por que educar", ou seja, do "educar para este ou aquele modelo de vida ética, de vida em sociedade", a questão do "educar para quê?" perde todo e qualquer sentido. Fato que nos condenará – em relação à educação e à vida como um todo – a não sentirmos mais nada...

Socorro!
Não estou sentindo nada
Nem medo, nem calor, nem fogo
Não vai dar mais pra chorar
Nem pra rir...
Já não sinto amor, nem dor
Já não sinto nada...

"Socorro"
ARNALDO ANTUNES

HEGEL: TEMPO E VIDA

Infância

Georg Wilhelm Friedrich Hegel nasceu no verão de 1770, no dia 27 de agosto, em Stuttgart, capital do então Ducado de Württemberg, no tempo de passagem do Antigo Regime para a sociedade liberal moderna. A Alemanha ainda não era uma nação unificada; constituía-se de reinos e principados em constante disputa territorial. Contudo, obtinha da língua e da fé luterana suas principais linhas de unidade. Era o mais velho dos três filhos de Georg Ludwig Hegel, fato que logo depositou sobre ele responsabilidades e expectativas.

No ano de seu sexto aniversário, eclode o processo de independência das colônias inglesas da América do Norte, constituindo uma das mais elaboradas formas jurídico-administrativas contemporâneas: o governo presidencialista. Também nesse ano, Adam Smith registra em seu livro *A natureza e a causa da riqueza das nações* as transformações pela quais passava o processo de produção e seu impacto na vida social e econômica. Nessa época, Hegel inicia a vida escolar no *Gymnasium* de sua região, cujo currículo era composto por Gramática, Ciências, Grego e Latim, que ainda era língua corrente entre os escritos acadêmicos da época.

Hegel completa onze anos no ano em que Johann Heinrich Pestalozzi lança *Leonardo e Gertrudes*, livro voltado para a formação moral infanto-juvenil e que – inspirado no "Emílio" de Rousseau – valoriza a experiência sensorial do aluno, marcando a cultura educacional germânica por várias décadas.

Juventude

O filósofo inicia seus estudos no Seminário Luterano de Tübingen com dezoito anos, tempo de grande efervescência social e cultural, sendo colega de Johann Friedrich Hölderlin (1770-1843) e de Friedrich Wilhelm von Schelling (1775-1854). O trio se engajou nos ideais políticos e estéticos reformistas, e tinha em Goethe (1749-1832) uma das lideranças intelectuais. Aos dezenove anos, chegam-lhe as notícias sobre as sublevações populares em Paris e arredores que desencadearam o processo de transformação do Antigo Regime na França, e que passaram para a história como "A Revolução Francesa".

Os ideais iluministas e românticos, juntamente com a esperança de transformação real das velhas estruturas feudais, embalada pelo exemplo francês, animavam a intelectualidade e os setores médios das regiões germânicas, constituindo um ambiente de mobilização a favor da liberdade e do Estado de Direito. Filho primogênito de um importante funcionário do Secretariado de Finanças do Ducado de Württemberg, chegavam ao jovem Hegel os ruídos e as informações do impacto desses ventos reformadores na estrutura do poder na Alemanha.

Docência

Com vinte e três anos, obtém o diploma de *Magister* em Filosofia. Durante três anos é preceptor em *Bern*, período no qual escreve *A Vida de Jesus*. Foi a Frankfurt juntar-se com Hölderlin, onde escreve o primeiro esboço de "A Constituição Alemã", demonstrando plena sintonia com o debate político que se travava em sua região natal, continuando o trabalho de preceptor.

Iniciou as atividades de *Privatdozent* no ano de 1801, na Universidade de *Jena*, estabelecendo importante diálogo com Schelling acerca da filosofia de Johann Fichte (1762-1814), que o possibilita escrever *A diferença dos sistemas de Fichte e Schelling*, obra que marca suas primeiras posições no âmbito do Idealismo Alemão. Foi um tempo no qual testemunhou, nas proximidades da cidade, a incursão de Napoleão sobre as tropas da conservadora Prússia, exaltando-o como a expressão do avançar do espírito do mundo, a cavalo.

Aos trinta e sete anos, publica *A Fenomenologia do Espírito*, texto que inaugura sua filosofia, distinguindo-se do idealismo de Fichte e Schelling. Nesse período, a Alemanha tipicamente feudal vivia seus últimos dias: devido à pressão da expansão napoleônica, os Estados autônomos dão seus primeiros passos na constituição de uma unidade confederada e a estrutura jurídico-administrativa dos reinos que a compunham se moderniza, no sentido de incorporar as garantias à liberdade privada e ao Direito moderno.

Gestão escolar

Inserido e bem relacionado no ambiente político da Bavária, Hegel, no outono de 1808, é nomeado para a direção do *Gymnasium* de Nürnberg, indicado pelo comissário protestante para a Reforma do Ensino, Friedrich Niethammer (1766–1848), que o conhece desde os tempos do seminário. Ao longo de sua gestão, que durou oito anos, Hegel apoiou estudantes carentes, fornecendo material escolar e didático, além da gratuidade das taxas; defendeu a inclusão de seus professores no rol de funcionários do Estado; era contrário à progressão automática, defendendo que os estudantes cujo desempenho não tenha sido favorável repetissem o ano escolar; apoiou os laboratórios didáticos de Física, Ciências Naturais e Geologia, além da biblioteca, enriquecendo-a dos clássicos da literatura greco-romana.

Em meio ao trabalho de direção, casou-se em 1811 com Marie von Tucher (1791-1855) e escreveu importantes obras do seu sistema, destacando a *Ciência da Lógica*, cuja primeira parte é editada em 1812, ano no qual Napoleão é vencido pelo inverno russo, e cuja segunda parte é publicada em 1816, último ano de sua estada em Nürnberg.

Cátedra

Após um breve período de docência em Heidelberg, onde publica a primeira edição da *Enciclopédia das Ciências Filosóficas*, é indicado para o lugar de Fichte na Universidade de Berlin, em 1818, mesma época em que a Prússia, o mais poderoso reino da nova *Deutscher Bund* (Confederação Alemã), ensaia a primeira proposta de unidade aduaneira entre os reinos confederados, dando um importante passo para a efetiva união dos povos germânicos.

A indicação para Berlin expressa o prestígio do filóso-fo nos meios intelectuais da moderna Alemanha, pois, nascido no Ducado de Württemberg e tendo assumido função de destaque no Reino da Bavária, é agora convidado para ocupar a cátedra de um dos mais proeminentes filósofos germânicos, na cidade prussiana que progressivamente se constituiria como o centro político-administrativo da Alemanha unificada. Em 1821, lança as *Linhas fundamentais da filosofia do direito*, e no ano da emancipação administrativa do Brasil (1822), publica a nova edição da *Enciclopédia*. Em Berlin, participou ativamente da vida política e cultural, sendo contemporâneo Schlegel, Schleiermacher, Beethoven e outros tantos intelectuais e artistas da época.

Nos últimos anos da sua vida, a Europa passava pelas crescentes tensões entre os movimentos populares e a reação conservadora. Em decorrência desse ambiente revolucionário, as regiões alemãs da Saxônia, Hannover e Hesse-Kassel – entre 1830 e 1831 – são sacudidas por significativos avanços democráticos concretizados em Constituições provinciais mais liberais. Todavia, esse movimento foi reprimido em 1834 pela ação centralizadora e conservadora da *Bund*, com o auxílio de tropas austríacas e prussianas. Contudo, já não é mais o tempo de Georg Wilhelm Friedrich Hegel, que faleceu no outono de 1831, provavelmente de cólera.

Referências

HEGEL, Georg Wilhelm Friedrich. *Phänomenologie des Geistes*, Werke 3. Frankfurt am Main: Suhrkamp Verlag, 1970[a].

HEGEL, Georg Wilhelm Friedrich. *Enzyklopädie der philosophischen Wissenschaften im Grundrisse I*, Werke 8. Frankfurt am Main: Suhrkamp Verlag, 1970[b].

HEGEL, Georg Wilhelm Friedrich. *Enzyklopädie der philosophischen Wissenschaften im Grundrisse III*, Werke 10. Frankfurt am Main: Suhrkamp Verlag, 1970[c].

HEGEL, Georg Wilhelm Friedrich. *Grundlinien der Philosophie des Rechts*, Werke 7. Frankfurt am Main: Suhrkamp Verlag, 1970[d].

HEGEL, Georg Wilhelm Friedrich. *Enzyklopädie der philosophischen Wissenschaften im Grundrisse II*, Werke 9. Frankfurt am Main: Suhrkamp Verlag, 1970[e].

HEGEL, Georg Wilhelm Friedrich. *Vorlesungen über die Philosophie der Geschichte*, Werke 12. Frankfurt am Main: Suhrkamp Verlag, 1970[f].

HEGEL, Georg Wilhelm Friedrich. *Vorlesungen über die Geschichte der Philosophie I*, Werke 18. Frankfurt am Main: Suhrkamp Verlag, 1970[g].

HEGEL, Georg Wilhelm Friedrich. *Vorlesungen über die Geschichte der Philosophie II*, Werke 19. Frankfurt am Main: Suhrkamp Verlag, 1970[h].

HEGEL, Georg Wilhelm Friedrich. *Vorlesungen über die Geschichte der Philosophie III*, Werke 20. Frankfurt am Main: Suhrkamp Verlag, 1970[i].

HEGEL, Georg Wilhelm Friedrich. *Nürnberger und Heidelberger Schriften*, Werke 4. Frankfurt am Main: Suhrkamp Verlag, 1970[j].

HEGEL, Georg Wilhelm Friedrich. *Lecciones sobre la Historia de la Filosofía II.* Tradução de Wenceslao Roces, México: Fundo de Cultura Económica, 1990[a].

HEGEL, Georg Wilhelm Friedrich. *Lecciones sobre la Historia de la Filosofía III.* Tradução de Wenceslao Roces, México: Fundo de Cultura Económica, 1990[b].

HEGEL, Georg Wilhelm Friedrich. *Fenomenologia do Espírito.* Tradução de Paulo Meneses, Petrópolis: Vozes, Volume 1, 1992[a].

HEGEL, Georg Wilhelm Friedrich. *Fenomenologia do Espírito.* Tradução de Paulo Meneses, Petrópolis: Vozes, Volume 2, 1992[b].

HEGEL, Georg Wilhelm Friedrich. *Discursos sobre educação.* Tradução de Ermelinda Fernandes, Lisboa: Edições Colibri. 1994.

HEGEL, Georg Wilhelm Friedrich. *Introdução às Lições sobre História da Filosofia.* v. 1. Tradução de J. Barata-Moura. Porto: Porto, 1995[a].

HEGEL, Georg Wilhelm Friedrich. *Enciclopédia das Ciências Filosóficas I* - A Ciência da Lógica. Tradução de Paulo Meneses. São Paulo: Loyola, 1995[b].

HEGEL, Georg Wilhelm Friedrich. *Enciclopédia das Ciências Filosóficas III* - A Filosofia do Espírito. Tradução de Paulo Meneses, São Paulo: Loyola, 1995[c].

HEGEL, Georg Wilhelm Friedrich. *El concepto de religión.* Tradução de Arsênio Guinzo. México: Fondo de Cultura Económica, 1998.

HEGEL, Georg Wilhelm Friedrich. *Filosofia da História.* 2. ed. Brasília: UNB, 1999.

HEGEL, Georg Wilhelm Friedrich. *Escritos Pedagógicos.* México: Fondo de Cultura Económica, 2000.

HEGEL, Georg Wilhelm Friedrich. *Linhas fundamentais da filosofia do direito ou direito natural e ciência do Estado em compêndio.* Tradução de Paulo Meneses *et al.* São Leopoldo: UNISINOS, 2010.

HYPPOLITE, Jean. *Génesis y estructura de la Fenomonología del Espíritu de Hegel.* Barcelona: Península, 1974.

KANT, Immanuel. *Crítica da Razão Prática.* Tradução de Artur Mourão. Lisboa: Edições 70, 1994.

REFERÊNCIAS

KLOTZ, Hans Christian. O conceito de alma na passagem da natureza para o espírito subjetivo In: UTZ, Konrad; SOARES, Marly Carvalho (Org.). *A noiva do espírito: natureza em Hegel.* Porto Alegre: EDIPUCRS, 2010.

KOJÈVE, Alexandre. *Introducion à la lecture de Hegel.* Paris: Gallimard, 1985.

VAZ, Henrique C. de Lima. A significação da Fenomenologia do Espírito. In: HEGEL, Georg W. *Fenomenologia do Espírito.* Tradução de Paulo Meneses. Petrópolis: Vozes, 1992.

MENEZES, Djacir. *Textos dialéticos.* Rio de Janeiro: Zahar, 1969.

MÜLLGES, Udo. *Selbst und Sache in der Erziehung: Strukturen der Bildungsvermittlung bei Basedow, Humboldt, Herbart und Hegel.* Wiesbaden-Dotzheim, Deutscher Fachschriften: Verlag, 1968.

NOVELLI, Pedro Geraldo. O conceito de Educação em Hegel. *Interface: Comunicação, Saúde, Educação*, v. 5, n. 9, p. 65-88, 2001.

RAMOS, Cesar Augusto. Aprender a filosofar ou aprender a Filosofia: Kant ou Hegel? *Trans/Form/Ação*, São Paulo, v. 30, n. 2, p. 197-217, 2007.

ROSENFIELD, Denis. *Política e Liberdade em Hegel.* São Paulo: Ática, 1995.

SANTOS, José Henrique. *Trabalho e riqueza na Fenomenologia do Espírito de Hegel.* São Paulo: Loyola, 1993.

STANGUENNEC, *Hegel critique de Kant.* Paris: Press Universitaires de France, 1985.

TUBBS, Nigel. *Education in Hegel.* London: Continuum, 2008.

SITES DE INTERESSE

Sociedade Hegel Brasileira

Associação de pesquisadores e estudiosos da obra hegeliana. Fundada em 2001 na cidade de Porto Alegre. Desenvolve e incentiva ações acerca de estudos e divulgação do pensamento de Hegel. Informa sobre congressos e eventos sobre a filosofia hegeliana. <http://www.hegelbrasil.org>

GT – Hegel ANPOF

Site do Grupo de Trabalho Hegel, da ANPOF (Associação Nacional de Pós-graduação em Filosofia), 1983). Disponibiliza Teses e Dissertações *online* acerca da filosofia hegeliana. <http://www.hegelbrasil.org/gthegel/index.html>

Teses e Dissertações *on-line* sobre Hegel

Linha do *site* da Sociedade Hegel Brasileira com trabalhos defendidos em pós-graduações no Brasil. <http://www.hegelbrasil.org/tesesonline.htm>

G. W. F. Hegel: Werke

Site alemão que disponibiliza livros do filósofo. Possibilita a aquisição de toda a obra em CD-ROM ou em arquivos *on-line*. <http://www.hegel.de/>

Internationale Hegel – Gesellschaft

Site da Sociedade Hegel Internacional, em alemão, inglês, francês, espanhol e italiano. Associação constituída em 1958 a partir da Deutsche Hegel – Gesellschaft. Promove o estudo da obra hegeliana, notadamente em caráter transdisciplinar; organiza o Internationalen Hegel – Kongress. O *site* possibilita a compra de trabalhos de comentadores sobre o pensamento de Hegel. <http://www.hegel-gesellschaft.de/>

Este livro foi composto com tipografia ITC Garamond e
impresso em papel Off Set 75 g/m² na Formato Artes Gráficas.